HISTOIRE

GÉNÉALOGIQUE

DE LA

FAMILLE DE SEZE

PARIS

1897

GUYENNE, BLÉSOIS ET MAINE

HISTOIRE GÉNÉALOGIQUE

DE LA

FAMILLE DE SEZE

La bénédiction du Seigneur est sur les familles où l'on se souvient des aïeux.

FRÉDÉRIC OZANAM.

PARIS

1897

Interroga enim generationem pristinam, et diligenter investiga patrum memoriam.

JOB, VIII, 8.

In memoria æterna erit justus

(PSAUME CXI.)

A LA MÉMOIRE

DE CEUX QUI NE SONT PLUS

1897.

FAMILLE DE SEZE

Armes : D'azur à trois tours rangées d'argent surmontées d'un croissant du même en abîme et de deux étoiles d'or en chef *.

Couronne de Comte.

Supports : deux levrettes.

* L'*Armorial général* de J.-B. Rietstap (Gouda, G. B. van Goor Zonen, 2 vol. in-8, 1884) donne le croissant d'*or*, et le met en *pointe* à la place des tours qu'il range en *fasce*.

Dans quelques documents manuscrits, et sur quelques cachets, ces armes sont écartelées en 2° et 3° quartier avec les suivantes : Coupé : au 1, d'argent à trois fasces de gueules; au 2, d'argent à deux chiens courants de gueules l'un sur l'autre.

COMTES DE SÈZE

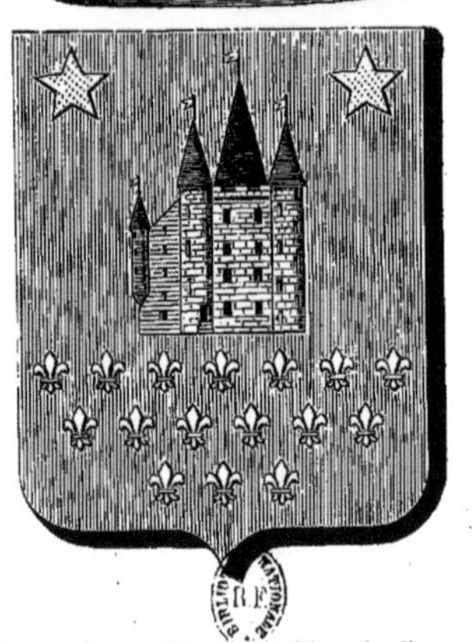

Armes : De gueules au château du Temple d'argent, accompagné en chef de deux étoiles d'or, et en pointe de seize fleurs de lys d'argent, 7, 6 et 3.

Couronne de Comte.

Devise : 26 Décembre 1792.

(Lettres patentes du 9 décembre 1817 autorisant substitution d'armoiries.)

FAMILLE DE SEZE

ORIGINES

La famille *de Seze* (1) est originaire de *Saint-Émilion* (2), et c'est là qu'on la trouve jusqu'au milieu du dix-huitième siècle (3). Les plus anciens registres de cette ville (4) nous montrent des membres de cette famille y jouissant des privilèges municipaux dès le quinzième siècle.

Le premier registre municipal de Saint-Émilion parle d'un *de Setze* comme prenant part aux élections de 1458 en qualité d'habitant no-

(1) Le nom est orthographié de plusieurs façons dans les anciens registres : *Desetze*, *Sèze* et *de Sèze*, avec et surtout sans accent. On trouve aussi *Deseze* en un seul mot, surtout pendant la Révolution et dans les années qui l'ont suivie.

(2) Commune de l'arrondissement de Libourne (Gironde). Avant 1789, c'était une ville assez importante qui compta, dit-on, jusqu'à 12.000 âmes. En 1379, Saint-Émilion entra dans la *Confédération de Bordeaux*, qui valut aux huit villes membres de cette ligue le titre de *villes filleules de Bordeaux* : v. Guinodie, *Histoire de Libourne*, t. I, p. 57 (Bordeaux, 3 vol. in-8, H. Faye, 1845).

(3) Une tradition fait venir les de Seze d'Espagne, et il est vrai qu'il y a eu en Aragon une famille *Sese* : mais le lien avec les *de Seze* de Saint-Émilion n'est pas établi, et, s'il existe, ce n'est qu'antérieurement à la seconde moitié du quinzième siècle, puisque à partir de 1458 on trouve les de Seze à Saint-Émilion. Nous négligeons donc cette origine.

(4) Le plus ancien registre municipal de Saint-Émilion ne remonte qu'à l'année 1458. Les registres auraient dû être tenus par année, mais il en manque beaucoup : quelques-uns sont très réguliers, d'autres sont fort mal tenus.

table (1); le second registre (2) mentionne *Bertran de Setze* (3) en 1493, et en 1494 *Arnauld de Setze*, peut-être tous deux fils du précédent.

Puis on trouve *Bernyn de Seze*, jurat en 1534 (4); *Jacques de Seze*, archer de la garde du roi François Ier en 1539 (5); *Bernyn de Seze*, de nouveau jurat en 1544 (6), et *Perrin de Seze*, aussi jurat en 1542 et en 1545 (7). En 1556, *P. de Seze* (sans doute Perrin, jurat en 1542 et en 1545) est qualifié d'ancien jurat (8), et c'est vraisemblablement encore lui qu'on voit nommé prud'homme en 1567 (9). Viennent ensuite *Hélies de Seze* en 1576, deux autres *Élie de Seze* de 1574 à 1578 (10), *Thony de Seze*, mentionné en 1580-81 (11); *Arnaud de Seze* (12), procureur

(1) V. une analyse de ces élections dans *Saint-Émilion, son histoire et ses monuments*, par J. Guadet, p. 74, note (Paris, Imprimerie royale, in-8, 1841 : ouvrage couronné par l'Institut). — Premier registre municipal de Saint-Émilion (en langue gasconne, presque la seule employée en Guyenne à cette époque, même dans les actes écrits), allant du 26 juin 1458 au 17 décembre 1459.

(2) Second registre (en gascon lui aussi), allant de 1493 à 1494 : il n'y a pas de registre de 1459 à 1493.

(3) *Bertran de Setze* actionne *Bernard Forton* devant la Cour de justice des maire et jurats à propos d'un charroi de vin : 23 août 1493.

(4) Registre municipal allant du 12 juillet 1534 au 26 juin 1535, et du 5 juillet 1540 au 24 juin 1542 : pas de registre de 1494 à 1534.

(5) Quittance du 4 juin 1539 (original). — Les archers de la garde formaient un corps d'élite sur la condition duquel on trouvera de précieux renseignements dans *Quentin Durward*, de Walter Scott : ce n'est qu'un roman, mais le cadre est vrai : l'action se passe sous Louis XI. Postérieurement, un édit de Henri III, de mai 1579 (rapporté dans d'Hozier, *Armorial général de France*, Registre I, 2e partie, p. 665), décide que, pour être archer de la garde, il faut être noble : art. 260 et 289.

(6) Le procès-verbal des élections pour 1544 est rapporté dans Guadet, *op. cit.*, p. 287. — Registre municipal du 3 juillet 1542 au 26 juin 1544.

(7) Registre municipal de 1540 à 1542, et autre registre de 1542 à 1544.

(8) *P. de Seze* prend part en qualité d'ancien jurat à une délibération du 25 octobre 1556, ayant pour objet la modification de la constitution municipale de Saint-Émilion. (Archives de Saint-Émilion, analysées par Guadet, *op. cit.*, p. 127, note ; v. aussi *Histoire de Libourne*, par Guinodie, t. II, p. 329, note 3.)

(9) Registre municipal de 1566 à 1567.

(10) Registre de 1575 à 1578, et autre registre de 1574 à 1585. On voit ici par le chevauchement des registres les uns sur les autres combien ils sont mal tenus ou tout au moins mal reliés.

(11) Registre de 1574 à 1585.

(12) Le 5 septembre 1588, *Arnaud de Seze* signe, en qualité d'ancien jurat, l'acte d'adhésion

d'office en 1583 (1), et jurat en 1586 (2); *Mathieu de Seze*, mentionné en 1587, et *Hélies de Seze* aussi mentionné en 1588 (3).

En 1600, *Pierre de Seze* est jurat (4) : en 1601, *Arnaud de Seze* l'est aussi (5), et c'est sans doute le même que le jurat de 1586. Enfin, *Anthoine de Seze* (6) l'est en 1607 (7). Une tradition attribue même à ce dernier l'honneur d'avoir harangué Louis XIII lors de son passage à Saint-Émilion en 1621. Or les Archives de la ville donnent en détail la relation de ce voyage, et il en résulte que ce n'est pas Anthoine de Seze qui a reçu le Roi : mais, comme Louis XIII a passé plusieurs fois à Saint-Émilion, il est possible qu'Anthoine de Seze ait eu dans une de ces circonstances l'honneur qu'on lui attribue. En tout cas, cette tradition a toujours eu, dans la famille de Seze, une autorité assez constante pour que Chateaubriand, dans son Éloge du Comte de Seze, ait cru pouvoir la rapporter (8).

Les *maire* et *jurats* de Saint-Émilion portaient le titre de *Gouverneurs, Seigneurs hauts, moyens et bas justiciers, juges criminels et de police de la ville et jurisdiction de Saint-Émilion.* — Il y eut d'abord un maire et douze jurats, puis seulement quatre jurats à partir de 1556. Le maire portait une robe de damas rouge et blanc avec un chaperon sur l'épaule;

de Saint-Émilion à l'édit d'union à la Sainte Ligue (édit de 1588). Archives de Saint-Émilion, analysées par Guadet, *op. cit.*, p. 167, note 3.

(1) Registre de 1574 à 1585.

(2) Registre de 1586 à 1587. Le registre précédent, 1585 à 1586, rapporte que le jurat *Arnaud de Seze* est délégué plusieurs fois à Bordeaux pour les affaires de la ville. Le suivant, 1587-1589, le désigne comme chargé en 1588 de dresser les rôles des contributions, et de nouveau délégué à Bordeaux vers le maréchal de Matignon pour les affaires de la ville : enfin il relate une contestation soulevée par le refus du même *Arnaud de Seze* de rendre une clef du grand coffre des archives de Saint-Émilion. — Le registre de 1586-1587 mentionne, sans la préciser, une parenté entre *Arnaud de Seze* et *Guilhem de la Roque.*

(3) Registre de 1587 à 1589.

(4) Registre de 1600 à 1601.

(5) *Ibidem.*

(6) Déjà mentionné dans le registre municipal de 1597.

(7) Registre municipal de 1600 à 1608.

(8) V. aussi sur ce point *Mercure de France*, t. VII, p. 600.

les jurats, la robe de soie noire et le chaperon (1). Au quinzième siècle, on donnait au maire le titre de Monseigneur : *Mossenhor lo mager* (2).

RÉSUMÉ

De Setze, mentionné en 1458.
Bertran de Setze, mentionné en 1493.
Arnauld de Setze, mentionné en 1494.
Bernyn de Seze, jurat de Saint-Émilion en 1534 et en 1544.
Jacques de Seze, archer de la garde de François Ier en 1539.
Perrin de Seze, jurat en 1542 et en 1545.
P. de Seze, ancien jurat en 1556.
Perrin de Seze, prud'homme en 1567.
Hélies de Seze, mentionné en 1576.
Élie de Seze, dit *Héliot jeune*, mentionné en 1576-77.
Élie de Seze, dit *Hélion*, mentionné en 1574, 1577-78.
Thony de Seze, mentionné en 1580.
Arnaud de Seze, procureur d'office en 1583, jurat en 1586.
Mathieu de Seze, mentionné en 1587.
Hélies de Seze, mentionné en 1588.
Anthoine de Seze, mentionné en 1597.
Pierre de Seze, jurat en 1600.
Arnaud de Seze, jurat en 1601.
Anthoine de Seze, jurat en 1607.

On voit que les indications ne manquent pas sur la *vie publique* des ancêtres de la famille de Seze : mais ces renseignements ne donnent pas la filiation. A cet égard, les documents font défaut, et on ne peut que faire des conjectures, les papiers de la famille de Seze ne permettant pas de reconstituer la ligne généalogique au delà de la fin du seizième siècle. A partir de cette époque, les contrats de mariage, actes de baptême, testaments et autres pièces établissent la descendance d'une façon certaine.

(1) V. Guadet, *op. cit.*, p. 191; Guinodie, *op. cit.*, t. II, p. 329, donne sur ce point des indications différentes.

(2) Les statuts municipaux de Saint-Émilion, rédigés en 1486 (rapportés dans Guadet, *op. cit.*, p. 281), portent la mention suivante : « Ainsi signat per coumandement de *Mes- « senhors* los mage, sotzmage, juratz et communitat de la deyta villa de Sent-Milion. » (V. aussi Guinodie, *op. cit.*, t. II, p. 502.)

PREMIER DEGRÉ

ANTHOINE DE SEZE (1), le premier auquel la filiation remonte d'une manière certaine, fut jurat de Saint-Émilion en 1607 (2), prud'homme en 1613, et maire en 1625 (3). Le registre municipal contenant la relation officielle du passage de Louis XIII à Saint-Émilion en 1621 nous montre, « le matin, jour « de sapmedy, neufviesme dudict mois (juillet),... à l'entrée de la porte « Bourgeoise, ledict sieur maire (Chevalier), ensemble les sieurs Destieu, Simard, de Seze (Élie), Reynaud, juratz,... avecq leurs chap- « perons et livrées, ensemble le clerc et le procureur, accompagné des « anciens maires et juratz (et, parmi ceux-ci, Anthoine de Seze) et aul- « tres plus apparantz et notables bourgeois de la ville... (4). » Ils y attendaient le roi, qui passa la journée et la nuit suivante à Saint-Émilion. — C'est ce même Anthoine de Seze qui aurait, suivant la tradition, harangué Louis XIII, sinon dans cette circonstance, du moins lors d'un autre voyage.

Anthoine de Seze figure aussi dans un recensement des armes possédées par les habitants de Saint-Émilion, fait en 1620 (5).

(1) Mentionné dans le registre municipal de 1597 : peut-être le même que le *Thony de Seze* mentionné dans le registre de 1574 à 1585.

(2) Registre municipal de 1600 à 1608.

(3) Registre municipal de 1624 à 1625.

(4) V. cette relation analysée et en partie rapportée dans *Saint-Émilion*.., par Guadet, p. 175 et suiv. (Registre municipal de 1620 à 1621, f°s 373 et suiv.) — V. aussi Guinodie, *Histoire de Libourne*, t. II, p. 320, note 1.

(5) Registre municipal de 1620 à 1621, dates des 3-4 août 1620 : sur ce recensement, fait en vue d'une attaque présumée des protestants, v. Guadet, *op. cit.*, p. 172, note 2.

On le voit encore présider, en sa qualité de maire, les élections municipales « l'an de grâce mil six cens vingt-cinq et le vingt-quatriesme « juing,... au chasteau et maison commune de la ville et jurisdiction « de Sainct-Émilion (1)... »

Son nom figure enfin dans une délibération municipale de 1631.

Il mourut en 1632.

de Ferrachapt.

Il avait épousé MARIE-CATHERINE DE FERRACHAPT (2) : il laissa six enfants :

1° JEHAN DE SEZE, Ier du nom, qui continue la filiation : son article suit.

2° HÉLIES ou ÉLIE, avocat à la Cour du Parlement, et jurat de Saint-Émilion (3). Il figure comme son père dans le recensement d'armes de 1620 (4).

Un mémoire domestique lui attribue comme femme CATHERINE DE LESCURE, et comme fils un *Jean*, jurat de Saint-Émilion en 1652, sur lequel on n'a aucun renseignement.

3° ESTIENNE, élu prud'homme en 1621 (5), figure aussi dans le recen-

(1) V. le procès-verbal de ces élections rapporté dans Guadet, *op. cit.*, p. 295 et suiv.

(2) DE FERRACHAPT. *Armes* attribuées par d'Hozier à François Bécheau de Ferrachapt, conseiller du Roi en la cour de Parlement de Bordeaux : De sable à deux couleuvres d'argent posées en bande : d'Hozier, f° 765 des blasons et f° 626 du manuscrit, 13e volume de l'*Armorial général* (volume de Guyenne), rédigé en vertu de l'édit de 1696. (Bibliothèque nationale, *mss.*) — La famille de Ferrachapt est originaire de Saint-Émilion : le registre municipal de 1575 à 1578 mentionne un *Christophe Ferrachapt,* inculpé devant la Cour des maire et jurats d'avoir poursuivi, l'épée à la main, un jurat qui voulait l'empêcher de jouer aux cartes au corps-de-garde. Ce *Christophe* n'est pas le père de *Catherine,* mais seulement son parent.

(3) Notamment en 1667 : député plusieurs fois en cette qualité à Bordeaux pour y traiter des affaires de la ville. — En 1621, un des jurats qui reçurent Louis XIII se nommait *Élie de Seze :* il n'est pas probable que ce soit celui-ci : ce serait plutôt un frère d'Anthoine de Seze.

(4) Registre municipal de 1620 à 1621, et Guadet, *op.* et *loc. cit.*

(5) Registre municipal de 1620 à 1621.

sement de 1620 (1). Il avait épousé CATHERINE MENAULT DE LA FONT, sœur de la femme de son frère aîné : il en eut un fils : *Jean* (2), sur lequel on n'a pas de renseignements.

4° PIERRE, qualifié *Garde du Roy* dans le contrat de mariage de son frère aîné (1620), nommé procureur d'office de Saint-Émilion en 1625 (3).

5° CATHERINE, mariée avec N... DE CAZELET ou DU CAZELET (4), morte avant 1632.

6° ARNAUDE, non mariée en 1632.

Cette filiation résulte d'un acte de partage des biens d'Anthoine de Seze fait en 1632 entre ses enfants à la suite de son décès. — Mais il résulte du contrat de mariage du fils aîné d'Anthoine de Seze, qu'en 1620, ce dernier avait huit enfants : outre les six nommés ci-dessus, *Estèbe*, et un second *Étienne* : ces deux derniers ne figurant au partage des biens de 1632, ni en personne, ni par représentants, on peut en conclure qu'ils sont décédés sans héritiers, ou peut-être entrés en religion entre 1620 et 1632.

Le prénom d'*Arnaude*, porté par l'une des filles d'Anthoine de Seze, peut conduire à penser qu'*Anthoine* était fils d'*Arnaud de Seze*, procureur d'office de Saint-Émilion en 1583, et jurat en 1586 et en 1607 (*supra*, p. 8, 9 et 10).

(1) Registre de 1620-21 ; à la suite de ce recensement, il est ordonné à *maître Estienne de Seze* de se procurer un mousquet.

(2) Cela résulte d'une transaction du 4 juillet 1660, à laquelle figurent la femme et le fils d'Estienne de Seze. (Pièce originale.) — Dans les procès intentés par la veuve de Jehan de Seze (*infra*, p. 15, note 4), revient plusieurs fois un *Jean de Seze*, qualifié neveu de la plaignante. C'est sans doute celui-ci.

(3) V. dans Guadet, *op. cit.*, p. 306, le procès-verbal des élections de 1625 ; registre municipal de 1624 à 1625, f°s 72 et suivants. — La fonction de *procureur d'office* était une charge municipale, qu'il ne faut pas confondre avec celle de *procureur du roi*. Le procureur d'office était élu comme les maire et jurats, et en même temps qu'eux : le procureur du roi achetait sa charge. Le procureur d'office était aussi appelé *procureur-syndic*.

(4) Du CAZELET, famille de Saint-Émilion. Ce nom est aussi orthographié *du Cazellet*. (Registre municipal de 1597 à 1598, date du 4 février 1598 ; et registre de 1600 à 1608.) — Catherine du Cazelet ne figure pas au partage de 1632 dont parle la suite du récit : elle y est représentée par ses enfants mineurs. Elle était donc morte à cette date.

SECOND DEGRÉ

EHAN DE SEZE, Ier du nom, procureur du Roi à Saint-Émilion, succéda dans cette charge à M. *Menault de la Font* en 1624 (1) : et il acquitte à cette occasion le droit de *marc d'or* (2).

Les actes qui se rapportent à Jehan de Seze nous apprennent qu'en 1644 les maire et jurats de Saint-Émilion lui vendirent une maison qui avait autrefois servi d'hôpital (3). Au contrat figure comme co-acquéreur *Élie Payraud, sieur de Valette.*

Jehan de Seze mourut avant 1651 (4).

(1) « Saichent tous que aujourd'huy *quinziesme du mois de janvier mil six cens vingt* « *quatre...,* pardevant moy Anthoine Lavau, notaire royal en la ville de Sainct Emillion,... « a été présent... *Mr Menault de la Font,* procureur du Roy en ladicte ville et jurisdiction, « lequel, de son bon gré et volunté, a... résigné... *sondit office de procureur du roy audit* « *Sainct Emillion* ez mains de sa Magesté et de monseigneur son chancellier, au nom néant- « moingtz et en faveur de *Mr Jehan de Seze* son gendre... Supplié et requis sadite Magesté « voulloir admettre ladicte résignation, et de pourvoir le dit de Seze... Faict audit Sainct « Emillion... en présence de Jehan de Labayme, cy-devant jurat..., et Martial George, clercq... « tesmoingts à se appellés et requis... » (*Pièce originale.*)

Jehan de Seze eut plusieurs fois des difficultés avec la ville de Saint-Émilion relativement au paiement de ses *gages* ou appointements : on a une requête au Parlement (original) du 13 mars 1631 et plusieurs pièces sur cette affaire. De nouvelles contestations du même genre surgirent en 1638 et en 1645.

(2) Quittance (original) datée de Compiègne 16 avril 1624, et signée *Bouchart Champigny.* — Le droit de *marc d'or* était une finance que payait au roi le nouveau titulaire d'un office avant d'en obtenir les provisions. (*Répertoire universel et raisonné de jurisprudence,* de Merlin, vo *Marc d'or* : Bruxelles, Tarlier, 36 vol. in-8, 1827, 5e édition.)

(3) On a une copie ancienne de cet acte de vente.

(4) La mort de Jehan de Seze semble avoir impliqué sa veuve dans des procès intermi-

Il avait épousé en 1620 (1) MARIE MENAULT DE LA FONT (2), fille de son prédécesseur dans sa charge : il en eut quatre enfants :

1° ANTOINE (3), homme d'armes, qui fit son testament en 1658 (4), en faveur de ses frères *Pierre, jurat,* et *Jean, escholier.* — On n'a aucun autre renseignement sur cet Antoine de Seze.

2° PIERRE, Ier du nom, procureur du roi en 1646, et jurat de Saint-Émilion en 1657 et en 1676 (5) : son nom était gravé en cette qualité sur une cloche de l'église Saint-Martin de Mazerat qui fut baptisée en l'année 1657 (6). — Il épousa PEYRONNE GREHAUT (7), et il en eut une fille :

Françoise, mariée le 20 avril 1659 avec *François de Simard,* auteur de la famille de Simard de Pitray (8).

nables, car on conserve de nombreuses pièces relatives à des affaires litigieuses intentées ou soutenues par elle.

(1) Contrat de mariage du 7 avril 1620 : extrait ancien non daté, équivalant à original.

(2) D'Hozier (mss. f° 82, volume de Guyenne) mentionne *Estienne de la Fon,* conseiller au Parlement de Bordeaux, peut-être de la même famille que les *Menault de la Font.* — *Armes* : D'azur à une fontaine d'argent accompagnée en chef de deux étoiles d'or.

(3) En 1671, un Antoine de Seze est jurat de Saint-Émilion : il est possible, mais peu probable, que ce soit celui-ci.

(4) Testament du 10 janvier 1658 (original).

(5) Registre municipal de 1676 à 1677.

(6) « *Sit nomen Domini benedictum. Mre J. Baptiste de Reims, conseiller aumônier, prédica-* « *teur ordinaire du roi, abbé de Reims et doyen de l'insigne église collégiale Saint-Émilion,* « *parrain; et demoiselle Susanne Daugerau, marraine, femme de M. Élie Andraut, avocat en* « *la cour, à pnt, maire et gouverneur de ladite ville Saint-Émilion;* « *étant jurats : J. Chevalier, J. Guadet, F. Brunault, P. Seze; Ber-* « *thomieu, chanoine et sacriste de ladite église Saint-Émilion;* 1657. » — Cette inscription est dans Guadet, *Saint-Émilion...*, p. 43, note, et dans Guinodie, *Histoire de Libourne*, t. II, p. 290, note 1. — La cloche en question a été remplacée en 1843.

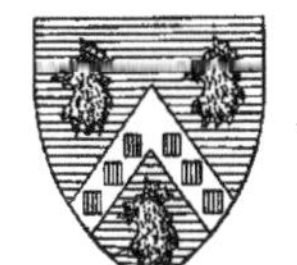

de Pitray.

(7) GREHAULT ou GRÉAU, famille notable de Saint-Émilion : v. Guadet, *op. cit.*, article *Gréau*, p. 334.

(8) DE SIMARD DE PITRAY, famille originaire de Saint-Émilion. Les statuts de cette ville, rédigés « le xxiie jorn deu mes de fevre « l'an mil quatre cens quatre bingts et cinq », mentionnent parmi les jurats de cette année 1485 *Johan Simard.* (V. Guadet, *op. cit.*, p. 282,

On ignore s'il eut d'autres enfants, mais on peut croire que le *Jean de Seze*, chanoine de Saint-Émilion, que l'on voit figurer dans un acte passé en 1720 (*infra*, p. 23), est un de ses descendants.

C'est peut-être aussi un de ses descendants qui est signalé par Guinodie (1) comme étant évêque d'Orense (Espagne) en 1677. Dans tous les cas, il y a erreur certaine sur l'attribution du siège, car il n'y a pas eu d'évêque de ce nom à Orense dans la seconde moitié du dix-septième siècle (2).

Il est enfin possible qu'il faille encore lui rattacher un *G. de Seze-Roquet*, cité par Guadet (3) comme lieutenant des milices bourgeoises de Saint-Émilion en 1702.

Remarquons toutefois que ces divers personnages peuvent aussi tirer leur origine de l'un des deux *Jean* mentionnés *supra*, p. 12 et 13, comme fils d'*Élie* et d'*Estienne de Seze*.

On peut aussi penser que Pierre de Seze avait épousé (on ignore si c'est en premières ou en secondes noces) N... LAURET (4).

3° JEAN DE SEZE, IIe du nom, qui continue la filiation : son article suit.

et Guinodie, *op. cit.*, p. 499.) *Armes* : D'azur à un chevron d'argent chargé de six billettes de gueules, et accompagné de trois têtes de lion d'or couronnées du même. — D'Hozier (mss. f° 15, volume de Guyenne) donne des armes différentes à *Jean Simard*, procureur du Roi à Saint-Émilion : De gueules à la bande de vair. Il indique aussi pour *N... Simard*, chanoine de Saint-Émilion : D'azur à six besans d'or, posés 3, 2, 1 (mss. f° 799, et blasons f° 359, volume de Guyenne). Cette diversité d'armes pour les membres d'une même famille se rencontre d'ailleurs très fréquemment dans l'ouvrage de d'Hozier; il y a même des cas où les armes attribuées à une famille ne sont pas celles réellement portées par cette famille. — V. sur la famille de Pitray le *Livre d'or de la noblesse française*, du marquis de Magny.

(1) Guinodie, *Histoire de Libourne*, t. II, p. 289. Réclamation adressée à la communauté (commune) de Saint-Émilion le « douziesme du mois de dexembre mil six cents septante « sept... par... Monsieur de Seze, cy-devant doyen du chapitre de la presante ville et à pré- « sant évesque d'Orense,... pour le payement de soixante boisseaux de blaid,... que la com- « munauté lui avoit prins dans son doyené, lors il y a vingt huict ans... » On ignore comment se termina cette affaire.

(2) Liste des évêques d'Orense de 1654 à 1706, délivrée par l'évêché d'Orense en 1895.

(3) Guadet, *op. cit.*, p. 195, note 1. Registre municipal du 20 mai 1702.

(4) La preuve de ce mariage résulterait d'un acte du 19 février 1665, par lequel Pierre de Seze vend une métairie, qui avait appartenu à *Jean Lauret* : l'acte qualifie ce Jean Lauret de *beau-père* de Pierre de Seze. — Cependant, la mère de Peyronne Grehaut a pu, devenue veuve, se remarier avec Jean Lauret, lequel serait bien ainsi le beau-père de Pierre de Seze sans que cela implique le double mariage de celui-ci.

4° Anne, mariée avec Jean de Lescure (1) : elle était veuve en 1664, époque à laquelle elle fit son testament (2).

(1) Sur la famille De LESCURE, v. *infra*, p. 20, note 2. — Il y a eu plusieurs alliances entre cette famille et la famille de Seze : outre celle rapportée ici, v. *supra*, p. 12, et *infra*, p. 20.

(2) On possède ce testament et plusieurs pièces relatives à des démêlés d'Anne de Seze (femme de Jean de Lescure) avec sa mère.

TROISIÈME DEGRÉ

EAN DE SEZE, IIe du nom, qualifié de *licentié ez loix* dans son contrat de mariage et dans un acte du 23 mars 1700, naquit en 1642 (1). Il est le premier qui se soit appelé *de Seze de Mondot*.

En 1667, il fut jurat, en même temps que son oncle Élie, et député pour aller à Bordeaux faire la révérence à Monseigneur de Saint-Luc; il figure encore en qualité de jurat dans un procès-verbal de 1668; en 1675, il en signe un autre au même titre, et l'année d'après il est encore député à Bordeaux, en qualité d'ancien jurat, vers l'Intendant de Guyenne. Il fut enfin jurat en 1678 et en 1696 (2). Un arrêt du 24 avril 1700, confirmant aux maire et jurats la possession toujours disputée de la justice criminelle, semble même dire qu'il fut maire en 1700.

De 1674 à 1685, il fut syndic de l'hôpital, et on le voit passer des baux et poursuivre des condamnations au nom de cet établissement. — En 1682, il fut nommé *cotisateur*, mais il demanda à être déchargé de ces fonctions (3).

En 1672, Jean de Seze transféra son domicile dans la paroisse Saint-Martin de Mazerat, et c'est sans doute alors qu'il acheta le domaine de *Mondot* (4), car, depuis cette époque, on le voit porter ce nom.

Il mourut en 1722 (5).

(1) Le 7 avril 1642 : on a son extrait de baptême en original. Parrain et marraine : *Jean* et *Anne de Lescure,* sœur et beau-frère du nouveau-né.

(2) Tout cela résulte de documents originaux.

(3) Arrêt de la Cour des aydes de Libourne, et actes des 6, 18 et 26 novembre 1682.

(4) *Mondot* était sur le territoire de Saint-Martin de Mazerat, paroisse *extra muros.*

(5) On a de lui plusieurs testaments, notamment de 1701 et de 1714 : on a aussi le testament de sa femme (originaux).

de Lescure.

Jean de Seze avait épousé en 1667 (1) ANNE DE LESCURE (2), née en 1643, fille de *François de Lescure*, avocat au Parlement et ancien maire de Saint-Émilion, et de *Louise Eyquem*. Il en eut trois enfants :

1° PIERRE DE SEZE, son fils aîné et légataire universel, qui continue la filiation : son article suit.

2° MADELAINE, mariée en 1690 (3) avec ROMAIN LABAYME (4), SIEUR DE LASSERRE, avocat au Parlement.

3° ÉLIE, qui signait *de Seze Lagrange* (5) : né en 1679, il fut tenu sur les fonts du baptême par *Élie de Lescure, sieur de Montremblant* (6), son parent maternel. Il étudia d'abord le droit, puis il embrassa la carrière des armes. Avant de quitter Saint-Émilion, il fit son testament, se disant dans cet acte *Garde du corps de Sa Majesté*. — Il rejoignit l'armée française à Tournai : peu après, 23 mai 1706, eut lieu la bataille de Ramillies, où le maréchal de Villeroy fut battu. Élie de Seze y fut mortellement blessé. Le 14 juin, il écrit, de l'hôpital Saint-Louis à Lille, la lettre suivante à son père :

J'avais évité jusqu'à présent de vous apprendre mon pitoyable état : mais, malgré de

(1) Contrat de mariage du 26 juillet 1667 (original).

(2) DE LESCURE, famille originaire du Languedoc (Albigeois), dont une branche s'est établie en Guyenne vers 1487, en la personne d'Antoine de Lescure, conseiller au Parlement de Bordeaux : un des petits-fils de cet Antoine, Jean de Lescure, se maria à Saint-Émilion, et s'y fixa sans doute, car on trouve depuis lors de nombreux Lescure parmi les maires et jurats de cette ville (v. Guadet, *Saint-Émilion...*, p. 337, article *de Lescure*). Le fameux Lescure, le héros vendéen, appartenait à la branche aînée de cette famille. — *Armes* : D'or au lion d'azur. Ces armes ont varié. — V. sur cette famille *Histoire de Lescure et de ses seigneurs*, par l'abbé Graulle (Paris, in-8, Téqui, 1895, 3e édition), p. 510, et p. 603 et suiv. (pour la branche de Guyenne); La Chesnaye des Bois, *Dictionnaire de la noblesse*, t. VIII; et Courcelles, *Histoire généalogique et héraldique des pairs de France*, t. X.

(3) On a l'original du contrat de mariage.

(4) Sur la famille LABAYME ou DE LABAYME, v. Guadet, *op. cit.*, p. 335.

(5) *Lagrange* était une métairie appartenant à la mère d'Élie de Seze.

(6) En 1702, H. (Hélie) de Lescure-Montremblant est major commandant des milices

fortes résistances, j'y suis enfin venu. Il est bien vrai, mon très cher père, que j'ai toute la peine possible à vous dire ceci. Je vous demande mille pardons, et meurs tranquillement. Un de mes amis vous enverra après la campagne mon cheval, mon habit noir, mon castor et mes pistolets. Je vous souhaite une bonne santé, et vous prie, mon très cher père, de me faire dire deux cents messes.

De SEZE LAGRANGE.

De la MOTTE, Garde du Roi.
De RODIER, Garde du Roi.

Élie de Seze mourut le surlendemain (1), 16 juin 1706 (2).

Au mariage de Jean de Seze, IIe du nom, avec Anne de Lescure, se rattache la parenté des *de Seze* avec les familles *de Gères, de Bonneau, de la Chassaigne*, et *de Carles*.

Isabeau et Marie Deymène, filles de Jean et de Madeleine de Lescure (la sœur d'Anne, femme de Jean de Seze), ont épousé : la première, *Jean de Gères de Camarsac* (3)

bourgeoises de Saint-Émilion : registre municipal de Saint-Émilion du 20 mai 1702, analysé par Guadet, *op. cit.*, p. 195, note 1.

(1) Extrait des régistres des morts
de l'hopital Saint-Louis de Lille en Flandre.

« Certifions à tous ceux qu'il appartiendra que M. de Seze Lagrange, Garde du Roi, Com-
« pagnie de Boufflers, natif de Saint-Émilion, diocèse de Bordeaux, administré des sacre-
« ments, le 15 juin, — ensuite de ses glorieuses blessures, a rendu l'âme à son Créateur le
« 16 de juin sur les 9 heures du soir.
« Fait à Lille en Flandre, le 18 du même mois cy-dessus.

« Ignace de Lagrange,
« aumônier de l'hôpital Saint-Louis,
« à Lille en Flandre. »

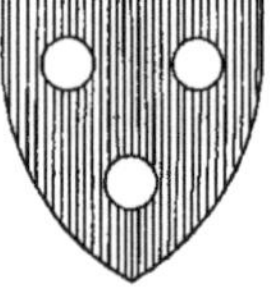
de Gères.

(2) On conserve aussi d'autres lettres d'Élie de Seze à son père.

(3) De GÈRES, famille de Guyenne. *Armes* : De gueules à trois besants d'argent. — V. sur cette famille d'Hozier, *Armorial général de France*, t. XI, registre 7 (Didot), et O' Gilvy, *Nobiliaire de Guyenne et de Gascogne*, t. III (Bordeaux, Gounouilhou, 1856, 1858, 1860 : il y a un tome IV, imprimé à Bordeaux, chez Feret, en 1883). Ce dernier ouvrage donne à la famille de Gères des armes écartelées dans lesquelles l'écu ci-dessus ne figure qu'en quatrième quartier : on retrouve ces mêmes armes écartelées dans d'Hozier, mss., f° 394, volume de Guyenne : on les voit enfin dans une chapelle latérale de l'ancienne église des Cordeliers de Saint-Émilion (en ruines aujourd'hui).

en 1684: et la seconde, *Élie de Bonneau, sieur de Fonroque* (1), vers 1694 (2). — Jean de Gères et Élie de Bonneau sont donc devenus par leur mariage neveux de Jean de Seze.

En outre, cette même Isabeau Deymène avait eu d'un premier mariage avec *Pierre David* (3), juge royal de Saint-Émilion, une fille, Marguerite, qui épousa Jacques de Gères, sieur de Saye (4), dont Isabeau ou Élisabeth mariée en 1710 avec *Gassies de la Chassaigne* (5), et Jeanne mariée en 1722 avec *François de Carles* (6). — Gassies de la Chassaigne et François de Carles sont ainsi devenus par leur mariage arrière-petits-neveux de Jean de Seze.

Il y a de plus entre les de Seze et la famille de la Chassaigne une autre alliance par les *Dubergier*.

de Bonneau.

(1) De BONNEAU, ancienne famille noble de Saint-Émilion. *Armes* : D'argent à un chevron de gueules, accompagné en chef de deux têtes de Maure de sable tortillées d'argent, et en pointe d'un coq aussi de sable. (D'Hozier, *Armorial général*, 13e volume, fos 30, 45 et 163 du mss., et 478 et 479 des blasons, donne le chevron *brisé*, les têtes liées et *colletées* d'argent, le coq *cretté*, *barbé* et *onglé* de gueules.) — En 1620, on trouve Louis de Bonneau, qualifié d'écuyer (Archives de Saint-Émilion, registre municipal de 1620 à 1621, fo 302) : v. Guinodie, *op. cit.*, p. 333, note 2. En 1702, noble Hélie de Bonneau, escuyer, sieur de Fonrocque, est lieutenant de police de la ville de Saint-Émilion : v. dans *Saint-Émilion...*, par Guadet, p. 310, la contestation soulevée par lui aux élections municipales de 1702.

de la Chassaigne.

(2) On a son contrat de mariage en original.

(3) Le même personnage que celui mentionné ci-dessous, page 23, note 2.

(4) On conserve la promesse de mariage (original).

(5) De la CHASSAIGNE, famille de Guyenne. *Armes* : D'azur au lion d'argent. V. sur cette famille O'Gilvy, *op. cit.*, t. I. — Ce Gassies de la Chassaigne est l'auteur de la famille de ce nom qui habite le château du *Cros*, près de Loupiac (Gironde). Les de la Chassaigne ont droit au titre de *soudan*.

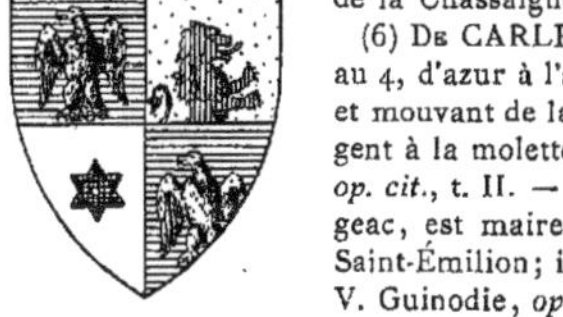

de Carles.

(6) De CARLES, famille de Guyenne. *Armes* : Écartelé : au 1 et au 4, d'azur à l'aigle au vol abaissé d'or : au 2, d'or au lion naissant et mouvant de la pointe, la tête contournée, de gueules : au 3, d'argent à la molette d'éperon de sable. — V. sur cette famille O'Gilvy, *op. cit.*, t. II. — En 1693, François de Carles, escuyer, sieur de Figeac, est maire perpétuel héréditaire de la ville et jurisdiction de Saint-Émilion; il est le premier maire perpétuel nommé par le Roi. V. Guinodie, *op. cit.*, p. 332, et Guadet, *Saint-Émilion...*, p. 183, note 2.

QUATRIÈME DEGRÉ

PIERRE DE SEZE, IIe du nom, qui, comme son père, signait *de Seze de Mondot* (1), naquit en 1671 (2).

Il se destina d'abord à l'état ecclésiastique : on a des lettres de tonsure à lui délivrées en 1686 par Messire Louis d'Anglure de Bourlemont, archevêque de Bordeaux de 1680 à 1697. Il entra ensuite au barreau.

Il fut jurat en 1696, et on peut même penser qu'il fut maire de Saint-Émilion, car on a une lettre de convocation, de 1732, l'invitant, en sa qualité d'*entien maire*, à se rendre à l'hôtel de ville pour y prendre part à une délibération.

Pierre de Seze fut aussi syndic et collecteur de la paroisse Saint-Martin de Mazerat : plusieurs actes lui furent signifiés en cette qualité (3).

Il existe une transaction de 1720 entre *Pierre de Seze*, *sieur de Mondot*, et *Jean de Seze*, chapelain de la chapelle de Puyamalbin, chanoine et théologal de Saint-Émilion : les contractants s'y qualifient de *cousins*. On peut penser que ce Jean de Seze est un descendant de Pierre Ier de Seze (*supra*, p. 16).

(1) En 1702, on trouve un *de Seze-Mondot*, lieutenant des milices bourgeoises de Saint-Émilion : c'est Pierre de Seze, objet du présent article. — V. *Saint-Émilion...*, par Guadet, p. 195, note 1. (Registre municipal du 20 mai 1702.)

(2) Parrain et marraine : *Pierre David*, avocat en la Cour et juge royal de Saint-Émilion, et *Anne de Lescure*, tante du nouveau-né. — En 1674, ce même Pierre David obtient du Parlement de Bordeaux un arrêt de préséance sur les maire et jurats de Saint-Émilion, et ôtant à ceux-ci leur qualification de *Seigneurs hauts*, *moyens et bas justiciers*. Sur appel, un arrêt du Conseil d'État, du 19 juin 1675, rétablit les maire et jurats dans leurs prérogatives et préséance sur le juge royal. V. Guinodie, *Histoire de Libourne*, t. II, p. 343.

(3) Notamment en 1723 et 1725 (pièces originales).

Pierre de Seze testa en 1737, et mourut le 5 août de cette même année. Par son testament (1), il demandait à être enterré dans l'église des Jacobins de Saint-Émilion.

Brunet.

Pierre de Seze avait épousé en 1699 CATHERINE BRUNET (2), fille de *Pierre Brunet,* procureur d'office de Laubardemont, et de *Marguerite Barbot* (3). Ils eurent quatre enfants :

1° MARGUERITE, mariée avec JEAN CASIMAJOU (4), propriétaire à Saint-Émilion.

(1) On a ce testament en original, avec les quittances relatives aux obsèques de Pierre de Seze. On a aussi le testament de sa femme, Catherine Brunet. On conserve enfin le *Livre de raison* de Pierre de Seze, qu'il avait pieusement dédié « *Ad majorem Dei gloriam Virginisque Mariæ* ».

(2) BRUNET, *Armes* : D'or au chien braque de gueules accolé d'or et bouclé d'argent. Ces armes sont expressément attribuées à Pierre Brunet, avocat au Parlement, par d'Hozier : *Armorial général*, 13e volume, f° 1013 du manuscrit, et f° 20 des blasons. — Une des portes de Saint-Émilion se nommait et se nomme encore *porte Brunet.*

(3) Marguerite Barbot, fille de *Jean Barbot, baron de Saint-Georges et seigneur de Pétruant.* — On trouve des Barbot à Saint-Émilion et dans plusieurs autres villes de Guyenne. — *Armes** : D'azur à la bande d'argent, côtoyée de six étoiles d'or. (D'Hozier, *mss.*, f° 150 des blasons, et f° 101 du manuscrit, volume de Guyenne.)

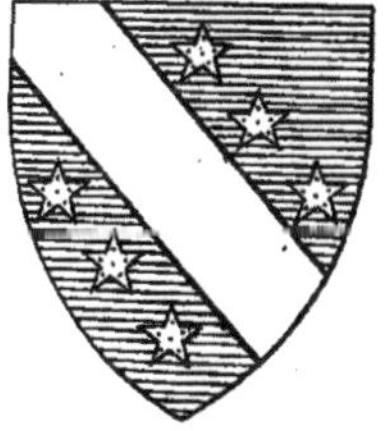
Barbot.

A l'une des branches de cette famille appartient *Jean Barbot,* 1695-1771, président en la Cour des Aides et finances de Guyenne, ami de Montesquieu, et membre de l'Académie de Bordeaux à laquelle il légua sa bibliothèque. (C'est une des origines de la bibliothèque municipale de Bordeaux.) L'abbé de Guasco (le correspondant de Montesquieu) qualifiait ce Barbot « homme « d'un esprit très aimable et d'une vaste littérature, mais très « irrésolu lorsqu'il s'agit de travailler ou de publier quelque « chose ». — V. *Notes pour servir à l'histoire des grands hommes de Bordeaux*, par L. de Lamothe (Bordeaux, Gounouilhou, 1858), *Statistique générale du département de la Gironde*, par Édouard Feret, première partie, t. III, article *Barbot* (Bordeaux, Feret, 1889), et *Histoire de la bibliothèque de Bordeaux*, p. 13, par R. Celeste (Bordeaux, Gounouilhou, 1892, in-4 de 82 pages).

(4) CASIMAJOU ou CAZIMAJOU, famille d'origine bretonne fixée à Saint-Émilion. En 1702,

* Ces armes figurent sur plusieurs livres de la bibliothèque de Bordeaux.

2° Anne, mariée en 1726 avec Jean-Joseph Chaperon (1), procureur au présidial de Libourne.

3° Jean de SEZE, IIIe du nom, qui continue la filiation; son article suit.

4° Paul-Romain, né en 1714, curé de Saint-Sulpice de Faleyrens, puis chanoine et aumônier de Saint-Émilion. Il eut en partage un domaine appelé *Pindefleurs*, qu'il laissa plus tard à son filleul et neveu *Paul-Romain de Seze* (*infra*, p. 31) (2).

Du mariage de Pierre de Seze avec Catherine Brunet découle une première alliance entre les *de Seze* et les *Vallet de Payraud* (3). *Marguerite Brunet*, sœur de

F. Cazimajou, sieur de Bachon, est lieutenant des milices bourgeoises de Saint-Émilion (Registre municipal du 20 mai 1702). V. Guadet, *op. cit.*, p. 195, note 1, et article *Casimajou*, p. 330. — En 1778, un autre Cazimajou, ancien jurat, est officier de la 2e escouade de la 2e compagnie des mêmes milices : v. Guadet, *op. cit.*, p. 195, note 2. — Guinodie, *op. cit.*, t. I, p. 337, cite un Cazimajou jurat de Saint-Émilion en 1761, sans doute le même que l'ancien jurat cité par Guadet en 1778.

Chaperon.

(1) CHAPERON, famille de Libourne. *Armes* : De gueules à trois étoiles d'argent rangées en chef, à un arbre de sinople sur une terrasse du même, et un lévrier d'argent brochant sur le fût de l'arbre. — V. sur cette famille d'Hozier, *Armorial général de France*, t. XI, registre 7 (Didot), et Potier de Courcy, *Nobiliaire et armorial de Bretagne*, t. I, p. 223 (3 vol. in-8, Plihon et Hervé, Rennes, 3e édition, 1890) : une branche des Chaperon avait passé en Bretagne. — Le nom des Chaperon revient fréquemment dans l'*Histoire de Libourne*, de Guinodie. V. aussi Feret, *op. cit.*, 1re partie, t. III, articles *Chaperon*. V. enfin, mais pour les armes seulement, d'Hozier, *mss.*, f° 119 des blasons, volume de Guyenne.

(2) On conserve de nombreux titres relatifs à Paul-Romain de Seze : son extrait baptistère, du 9 janvier 1714; son titre de prébendier du chapitre de Saint-Émilion, du 4 août 1731 ; ses lettres d'ordination, du 26 août 1736; plusieurs projets de testament, faits vers 1777; sa nomination de chanoine-aumônier du chapitre de Saint-Émilion, du 8 octobre 1780, en remplacement de son neveu, Constantin de Seze (*infra*, p. 34), etc... toutes pièces originales.

(3) Rappelons qu'en 1644 on voit un *Élie Payraud*, *sieur de Valette*, figurer dans le contrat

4

Catherine, a épousé *Joseph Vallet de Payraud*, et a eu un fils, Pierre, qui épousa Thérèse-Marthe Dubergier, sœur de la femme de Jean de Seze, IIIe du nom (*infra*, p. 31) : d'où une seconde alliance, les deux cousins-germains ayant épousé les deux sœurs.

Antérieurement à cette double parenté, il aurait existé une alliance entre les de Seze et les Vallet de Payraud, mais on n'a pu la préciser.

d'acquisition d'une maison par Jehan de Seze, Ier du nom (*supra*, p. 15). Malgré l'inversion des noms, c'est bien un membre de la même famille que celle dont il s'agit ici.

CINQUIÈME DEGRÉ

EAN DE SEZE, IIIe du nom, né en 1709 (1), fut avocat comme son père. Dès 1728, on le voit exercer sa profession à Libourne (2). Mais, en 1739, ayant été chargé de soutenir un procès devant le Parlement de Bordeaux, cette circonstance le décida à se fixer au barreau de cette ville. Il y figura

Jean de Seze,
d'après un portrait à l'huile.

(1) Septembre 1709. Parrain et marraine : *Jean de Seze*, aïeul du nouveau-né, et dame *Jeanne Deymène*. L'acte porte aussi les signatures de Messire de Gères de Camarsac, et de Jean de Gères, tous deux écuyers. — Comme pièces relatives à Jean de Seze, on a sa thèse et son diplôme de bachelier en droit, du 20 juin 1727; son certificat de licencié en droit, du 2 août 1728; ses lettres de bourgeois de Bordeaux (titre fort recherché même par la noblesse, à cause des privilèges qui y étaient attachés), du 24 mars 1760; son *Livre de raison* de 1741 à 1752, etc...

Jean de Seze cessa de prendre le nom de *Mondot*, qu'avaient porté son père et son grand-père. On a pourtant des lettres de lui, adressées à son père, *sieur de Mondot*.

(2) « Une affaire surtout qu'il plaida en 1736 fixa sa réputation, et lui concilia d'univer-« sels suffrages. Un jurisconsulte renommé, Me Maignol, vint de Bordeaux soutenir devant « le sénéchal de Libourne un procès important. De Seze fut son adversaire. Les deux avo-« cats plaidèrent et répliquèrent pendant trois audiences consécutives, qui attirèrent un « concours immense de curieux. On y vit surtout accourir les habitans de Saint-Émilion, « fiers d'avoir pour compatriote un orateur déjà célèbre... Me Maignol gagna sa cause : mais, « émerveillé du talent qu'il avait eu à combattre, il embrassa le jeune de Seze et le pressa « vivement d'abandonner le barreau de Libourne pour celui de Bordeaux. » (Extrait de l'*Éloge de Jean de Seze* prononcé en 1845 par A. Cazeaux.)

avec éclat pendant plus de trente ans (1), et remporta de grands succès oratoires. Il fut bâtonnier de l'Ordre des avocats de Bordeaux.

L'exercice de sa profession valut à Jean de Seze une notoriété qui lui attira d'illustres amitiés : on en a de précieux témoignages dans sa correspondance, qui renferme des lettres du maréchal de Richelieu, du prince de Rohan, archevêque de Bordeaux, de la duchesse de Lesparre, du maréchal de Senecterre, de M. Dupaty, président au Parlement de Bordeaux, de M. de Lacaze, premier président du Parlement de Pau, du duc de Duras et d'un grand nombre d'autres grands personnages. — Parmi ces lettres, il faut citer la suivante du maréchal de Richelieu (2), qui presse Jean de Seze d'accepter les fonctions de jurat de Bordeaux :

A Paris, ce 1er juin 1763.

Monsieur,

Je pourrois m'excuser d'avoir été quelques jours sans répondre à votre lettre, par la dificulté de combattre l'éloquence de la lumière du Parlement. Je n'entreprendrai point aussi de discuter avec vous, je tâcherai de parler à votre cœur, et de vous rapeler seulement des faits.

Vous craindriés, dites-vous, de faire tort à vos enfants en diminuant leur patrimoine par la distraction que vous auriés de votre travaill journalier et la persévérance que vous doneriés à la jurade si vous l'acceptiés. Je ne puis savoir à combien ce bilan pourait aler, mais je sais que vous avés sacrifié des avantages assurément bien plus avantageux pour eux, que je vous ai ofert, pour lesquels vous n'aviés que l'embaras d'un déplacement à oposer et la crainte de troubler votre repos.

Vous n'avés pas trouvé dans les jurats qui sont sortits de place des restes de recognaissance que leur travaill aurait du mériter, mais, quoique le public soit ingrat, avés vous bien examiné s'il le fut en efet dans les occasions que vous pouvez citer? Je m'en rapporterai à cett examen, et je ne me permettrai pas de vous en dire davantage à cet égart.

Vous pensés qu'il s'est élevé pour les jurats de la haine des supérieurs et du méprits des autres, avec des ennemis en sortant de place et aucune considération : je vous

(1) Le recueil de ses *Mémoires* et *Plaidoyers* forme 9 volumes in-folio.

(2) Louis-François-Armand de Vignerod du Plessis, d'abord duc de Fronsac, puis duc de Richelieu, 1696-1788, arrière-petit-neveu du Cardinal de Richelieu, gouverneur de Guyenne de 1758 à 1775. — Il eut le maréchal duc de Mouchy pour successeur en Guyenne.

demande encore d'examiner si c'est à la jurade ou à ceux qui l'ont possédée, que l'on doit, etc., (*sic*).

Enfin, Monsieur, si touts ces inconvénients joints aux discordes de l'intérieur de l'Hôtel de ville (si facile à rétablir et que je vous réponds qui le serait en efet), si déjà touts ces phantômes que vous élevés sont aisés à détruire, je dois espérer que vous serés touché de la gloire et de la douceur de remettre de l'ordre dans votre patrie et rendre le bonheur à vos concitoyens, qu'une bone police peut procurer. Mais comment tout cela pourrait-il arriver si ceux qui peuvent le plus veulent le moins, et comment pourrais-je y parvenir, comme je le veux par devoir et par inclination, si l'on refusait de me seconder? J'ai pensé que vous étiés sans difficulté celui qui étiés le plus capable de remplir cette place, et je l'ai pensé avec tous ceux qui vous cognaissent. Je suis persuadé comme vous que tout le fort du travaill et la principale direction de la jurade roule et doit rouler sur les avocats qui doivent, de leur côté, réunir plus d'une qualité au delà de celle qu'ils peuvent acquérir au barreau. Personne ne réunit plus parfaitement celles qu'il faut. Personne n'est plus capable de rétablir l'harmonie avec les supérieurs, et la considération des inférieurs, de rendre à la jurade son ancien lustre, et aux citoyens leur tranquilité. Vous refuserés-vous à leurs vœux et à toutes leurs instances?... Voilà les réflexions que je vous prie à mon tour de vouloir bien faire. J'y joindrai avec confiance mon sentiment pour l'amour du bien commun et le vôtre en particulier, qui aurait peut-être ma préférance par mes sentiments pour vous personnellement, et je n'hésite point à vous conseiller de remplir cette place. J'y joints mes instances, et vous assure, Monsieur, que personne ne vous estime et vous honore plus véritablement que

Le Mal Duc de Richelieu.

Voici la réponse de Jean de Seze :

Monseigneur,

La lecture de la lettre que Votre Grandeur m'a fait l'honneur de m'écrire m'a jetté dans la plus grande consternation : je scais tout ce que je dois à vos bontés et à votre protection, et mon cœur me répond de tout ce que je voudrois pouvoir faire pour les mériter. Jugés, Monseigneur, combien je suis agité de la crainte de vous déplaire, et combien je voudrois, secondant vos vues et vos projets, entrer dans une place où vous me souhaités. Je me plaindray toujours de la malheureuse position où je me trouve, qui me prive de la satisfaction si douce et que j'ay toujours tant désirée, de vous donner en toutes occasions des marques de mon sincère dévouement, et de ma parfaite soumission. J'ay pris la liberté de vous exposer mes raisons : ce n'est point le caprice, la bizarrerie, ni le dédain de la jurade qui m'ont déterminé : ce sont des réflexions pour ainsy dire de tous les temps. Car, lorsque j'étais plus jeune et avois moins d'enfants, j'ay toujours pensé ainsy, et cru que la jurade, même dans les temps les plus calmes, étoit inconciliable avec l'exercice et l'employ de ma profession. Je suis moins en état aujourd'huy que jamais de revenir de ce préjugé. Mes années augmentent, ma santé s'affoiblit. Moins propre à soutenir le poids des affaires et du travail, et les divers combats où l'administration des affaires publiques engage, il n'y a que des motifs de cet ordre que je réunis à ceux que j'ay eu l'honneur de vous présenter, qui puissent m'éloigner d'une place qui deviendroit d'autant plus honorable pour moi que je la tiendrois de votre main. Je vous conjure donc, Monseigneur, de trouver bon que je me dispense de l'accepter. C'est par bonté pour moy que vous avés cru devoir rapeller aux jurats qu'il étoit temps de penser à moy : ce sera par une plus grande marque de bonté encore, que vous leur ordonnerés de ne pas s'en occuper, et que vous me laisserés la liberté de ne travailler que pour ma famille, de veiller sur son éducation, devoir si nécessaire et si important, et auquel il est juste qu'un père sacrifie tout le reste, et de suivre enfin mon goût et mon penchant pour une vie tranquille et dégagée de toute espèce de discussion avec mes concitoyens. Ma reconnoissance, Monseigneur, sera toujours la même : ou plutôt, elle en deviendra plus vive et plus forte : en me souvenant sans cesse de tout ce que Votre Grandeur a voulu faire pour moy, elle s'accroîtra de ce qu'Elle m'a même permis de refuser les divers postes où vous vouliés m'apeller.

Je suis, etc...

Jean de Seze refusa définitivement.

Au moment de la suppression des Jésuites, il avait pris leur défense dans plusieurs écrits (1).

Il mourut le 26 janvier 1777, et les lettres reçues par sa famille à cette occasion attestent la part que la ville de Bordeaux prit à ce deuil : ses descendants lisent surtout avec intérêt celles de l'Évêque de Dax et du président Dupaty, et l'*Éloge de Jean de Seze* prononcé en 1845 à Bordeaux (2). — Son buste orne la bibliothèque de l'Ordre des avocats de cette ville.

(1) *Mémoire des Jésuites.* (Bordeaux, in-32, 1762, J. Chappuis, imprimeur de l'Université.) Sur ce mémoire, v. *Histoire du Parlement de Bordeaux*, de Boscheron des Portes (Bordeaux, 2 vol. in-8, Ch. Lefebvre, 1877), t. II, p. 282, et *Le Barreau de Bordeaux de 1775 à 1815*, par Chauvot (Paris, in-8, A. Durand, 1856), p. 43.

(2) *Éloge de Jean de Seze*, prononcé le 13 décembre 1845, par A. Cazeaux, à la rentrée des Conférences du Barreau de Bordeaux. — Sur Jean de Seze, v. aussi la notice que lui a consacrée Chauvot, *op. cit.*, p. 43.

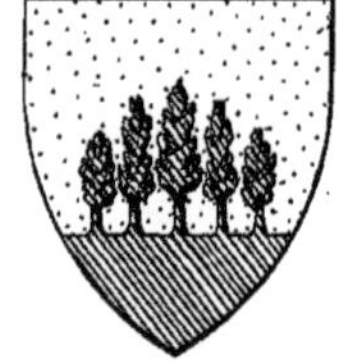
du Bergier.

Jean de Seze avait épousé en 1741 MARTHE DU BERGIER ou DUBERGIER (1), 1723-1792, fille d'un ancien jurat de Bordeaux. Il en eut treize enfants :

1° ANNE-CATHERINE, 1743-1777, mariée en 1764 avec JEAN DARIBEAUDE ou DARIBEHAUDE, avocat au Parlement, d'une famille originaire des Landes.

2° PAUL-ROMAIN, dit *l'Aîné* (2), 1745-1828, succéda à son père au Barreau de Bordeaux : il fut jurat de Bordeaux en 1783. Au moment de l'organisation des tribunaux en 1790, il entra dans la magistrature, et prit sa retraite comme président de chambre honoraire à la Cour de Bordeaux (dont il avait été longtemps le *doyen*) en 1828, peu avant sa mort. Il fut membre de l'Acadé-

(1) Du BERGIER, famille de Bordeaux. *Armes* : D'or à cinq peupliers rangés de sinople sur une terrasse du même. — D'Hozier, *Arm. général*, vol. de Guyenne, donne seulement trois peupliers à *Fort du Bergier* : f°s 841 du manuscrit, et 559 des blasons : mais on voit bien cinq peupliers sur des cachets anciens. Le même d'Hozier attribue à *Pierre du Bergier*, frère de Fort et aïeul de Marthe, les armes suivantes : D'azur à un pont de quatre arches d'or, maçonné de sable, sur lequel un berger d'argent, tenant de sa main dextre une houlette d'or, fait passer ses moutons d'argent, adextré d'un arbre d'or mouvant du flanc, et deux étoiles du même rangées au côté senestre du chef (mss. f° 912, blasons f° 716).

Les Dubergier ont depuis longtemps figuré dans les charges consulaires de Bordeaux : un Dubergier harangua Charles IX à Bordeaux en 1565. Plusieurs Dubergier ont été membres du Parlement de Bordeaux (v. Boscheron des Portes, *Histoire du Parlement de Bordeaux*, t. II, p. 318 et 449). Plus tard, en 1789, Jean-Baptiste-Paulin Dubergier, neveu de Marthe, se présenta comme *otage de Louis XVI*, avec 14 ou 1500 Français qui offrirent leur liberté en échange de celle du Roi et de sa famille, après les affreuses journées des 5 et 6 octobre.

(2) C'est ainsi qu'il était désigné dans sa famille, et même dans les documents officiels, ainsi qu'il résulte de la pièce suivante :

CAPITATION, NOBLESSE, SÉNÉCHAUSSÉE DE BORDEAUX.

« Je soussigné, commis de M. Mel de Fontenay,... Receveur de la capitation de la Noblesse « de la Sénéchaussée de Bordeaux, confesse... avoir reçu de Monsieur de Seze *aîné*, avocat « au Parlement,... quarante-cinq livres, auxquelles le dit sieur se trouve employé... aux Rô- « les de la capitation de la Noblesse de la Sénéchaussée de Bordeaux, des années 1776, 1777 « et 1778.

« Fait à Bordeaux, ce 12 avril 1779.

(*Pièce originale.*) « BERIL. »

Paul-Romain de Seze, d'après une miniature de Toppino (1782).

mie de Bordeaux et chevalier de la Légion d'Honneur. — Il avait épousé CATHERINE GROS DE FILLON, † 1842, dont il eut une fille :

Françoise-Paule, 1791-1870, mariée en 1817 avec *Jean-Baptiste-Marie-Joseph de Montaubricq* (1), 1789-1856, chevalier de la Légion d'Honneur, procureur général à Poitiers jusqu'en 1830, époque à laquelle il donna sa démission.

3° ALEXIS, dit *le Chevalier,* 1746-1780, substitut du procureur général au grand Conseil, au Cap (Saint-Domingue) en 1770, mort dans un naufrage. — Il avait épousé en 1770 CATHERINE-ROSE DE LACAZE, veuve *Gauthier,* † 1791. Il en eut :

Jean-Baptiste-Alexis, 1772-1846, qui se réfugia à New-York après les désastres de Saint-Domingue (1791) : il fut nommé en 1820 consul de France à Boston, puis à Philadelphie, et enfin à Norfolk. Après 1830, il revint en France, et y mourut. — Il avait été marié en 1794 par Mgr Carroll, premier évêque de Baltimore, avec *Marie Buron,* 1769-1851, de Saint-Domingue : il en eut trois filles :

Fortunée, née en 1795, mariée avec Pierre Flandin, de New-York.
Adèle, 1797-1852, mariée avec Guillaume Gaillard, 1782-1866.
Camille, née en 1800, mariée avec Félix Peltier, de Nantes.

Sophie, 1776-1844, mariée avec *Charles-Alexandre de Villiers* (2), chef de division à la Banque de France.

de Montaubricq.

(1) DE MONTAUBRICQ, famille originaire de Beaumont de Lomagne en Gascogne (sur les confins du Languedoc), fixée à Bordeaux au dix-septième siècle. *Pierre Montaubricq* entra au Parlement de Bordeaux sous Louis XVI : il était substitut lors de la suppression de ce Parlement en 1790 (Boscheron des Portes, *op. cit.,* t. II, p. 450). — *Armes* ; De gueules à deux tours d'argent, surmontées de cinq étoiles du même posées 3 et 2. — V. sur cette famille *Statistique générale de la Gironde,* de Feret, 1re partie, t. III, articles *Montaubricq.*

(2) DE VILLIERS, *Armes* : D'azur à un lion d'or. — Il n'est pas

4° Jean-Pierre, dit *Dunoyer*, 1747-1807, nommé en 1776 sous-lieutenant au régiment du Port-au-Prince (1), et plus tard capitaine au même régiment : chevalier de Saint-Louis en 1790, et l'un des derniers promus dans cet Ordre avant la Révolution.

La lettre suivante, à lui adressée par le maréchal de Mouchy, mérite d'être citée :

A Bordeaux, ce 18 juin 1776.

Je vous envoye ci-joint, Monsieur, une lettre de remerciment pour Monsieur le Ch^er^ de Laval qui m'a accordé votre avancement. Je vous recommande à ses bontés, mais à condition que vous vous conduirés bien, c'est le seul moyen de m'engager à m'intéresser à vous. J'aime M. votre père et M^rs^ vos frères (2), parce qu'ils méritent l'estime générale ; conduisés vous de même et soyés digne imitateur de leurs vertus et de leur zèle pour leur état. Si vous suivés mes conseils, vous me trouverés très empressé de vous donner en toutes occasions des preuves des sentimens avec lesquels je vous honore, Monsieur, très parfaitement.

Le M^al^ Duc de Mouchy.

5° Raymond, comte de SEZE, 1748-1828, auteur de la première branche; son article suit (p. 37).

impossible que ce lion soit d'argent : les armes ainsi rapportées ont été lues sur une pièce signée d'*Eugène de Villiers* (fils de Charles-Alexandre de Villiers et de Sophie de Seze), et portant le cachet à la cire de ses armes; mais la cire déjà ancienne s'était écrasée et ne permettait plus de distinguer nettement la couleur du lion : celle du fond et la forme du lion restaient seules bien visibles, ainsi que la devise : *Animus facit nobilem*.

de Villiers.

(1) Le régiment du *Port-au-Prince* est un des huit régiments créés pour le service des colonies par deux ordonnances de Louis XV, du 18 mai 1772 : c'étaient les régiments du *Port-au-Prince*, du *Cap*, de la *Martinique*, de la *Guadeloupe*, de la *Guyane*, de l'*Ile-de-France*, de l'*Ile-de-Bourbon* et de *Pondichéry*. — Les cadres de ces régiments furent d'abord improvisés au moyen de prélèvements sur l'armée royale, et, à partir de 1779, exclusivement recrutés dans la Compagnie des Cadets gentilshommes de l'Ile de Ré; nul ne put plus être admis aux sous-lieutenances des troupes des colonies, sans sortir de cette école.

(2) A son arrivée en Guyenne comme gouverneur, c'est Raymond de Seze (le futur Défenseur du Roi), un frère du Dunoyer, que le maréchal de Mouchy avait choisi pour faire enregistrer ses lettres de créance au Parlement de Bordeaux.

6° Marguerite-Rosalie, 1750-1807, mariée en 1770 avec Pierre-Joseph de Bousquet, avocat au Parlement et professeur de droit à l'Université de Bordeaux, gentilhomme originaire de l'Agenais.

7° Pierre-Louis-Constantin, 1751-1826, fut successivement chanoine de la Chancelade en Périgord, chanoine-aumônier de Saint-Émilion, chanoine du chapitre d'Acqs (1), puis vicaire général de Mgr de la Neuville (évêque de Dax) jusqu'en 1789 : il émigra pendant la Révolution (2), et ne rentra en France qu'en 1802. Sous l'Empire, Mgr d'Aviau du Bois de Sanzay, archevêque de Bordeaux de 1802 à 1826, le nomma son vicaire général, fonctions qu'il remplit jusqu'à sa mort, survenue en 1826.

8° Joseph, dit *Clément*, 1753-1773, se destina à la marine, et s'embarqua pour l'Amérique sur un navire dont on n'eut plus jamais de nouvelles.

9° Paul-Victor de SEZE, 1754-1830, auteur de la seconde branche; son article suit après la déduction de la branche aînée (p. 53).

10° Jean, dit *Pindefleurs*, 1756-1759.

11° Aimée, née en 1758, morte en naissant.

12° Jean-Raymond, dit *Saint-Pé*, 1762-1802, secrétaire général de la préfecture de la Gironde, épousa en 1790 Marthe Tessa. Il en eut :
Adèle, célibataire, 1791-1849.
Marie-Élisa, 1793-1859, mariée en 1823 avec *Jean-Baptiste-Osmin Gérus de Laborie* (3), chevalier de la Légion d'Honneur.

(1) Orthographe ancienne du nom de la ville de *Dax*.
(2) D'après le chevalier de Courcelles (*Histoire généalogique et héraldique des pairs de France*, t. VIII, p. 258, Paris, 1827), l'abbé de Seze n'aurait pas *émigré*, mais aurait été *déporté*. — Pour les prêtres, la condition de *déporté* a souvent été confondue avec celle d'*émigré*.
(3) GÉRUS de LABORIE, *Armes* : Coupé : au 1, de gueules à deux lions affrontés d'or :

Céphise, 1799-1826, mariée en 1819 avec *Julien Troplong* (1), 1791-1875, cousin du Président Troplong.

Casimir, mort en 1864, magistrat, devint premier Président de la cour de Poitiers; il encourut la disgrâce du gouvernement impérial pour avoir refusé de s'associer aux mesures vexatoires dirigées contre Mgr Pie. Étant magistrat à Colmar, il avait épousé *Fanny Henriet* (2), morte vers 1859. Ils eurent une fille :

Marthe, née en 1846, mariée en 1865 par Mgr Pie, évêque de Poitiers, avec un de ses cousins germains, Jules Lejeune, née en 1836.

13° Jean-Casimir, 1765-1842, heureusement échappé aux massacres de la *Commission militaire* instituée en 1793 à Bordeaux par *Tallien* et *Isabeau* (3), fut magistrat d'abord à Bordeaux : il devint en 1824 premier Président de la Cour d'Aix. Démissionnaire en 1830, il se retira à Saint-Loubès, et y vécut jusqu'à sa mort. — Il avait épousé en premières

au 2, d'azur à trois merlettes d'argent, posées 2 et 1. — V. sur cette famille O'Gilvy, *Nobiliaire de Guyenne et de Gascogne*, t. I.

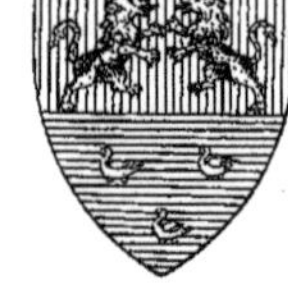
Gérus de Laborie.

(1) C'est à la famille *Troplong* qu'appartient encore aujourd'hui le domaine de *Mondot*, ancienne propriété de la famille de Seze.

(2) Fille de *François Henriet*, inspecteur des contributions directes à Colmar jusqu'en 1830, époque à laquelle il donna sa démission, et de *Marie-Élisabeth de Bergeret*. — Gilbert de Bergeret, père de cette dernière, était lieutenant général des armées du roi en 1789 : le grand-père de Gilbert avait été secrétaire des commandements de Louis XIV, et avait reçu en récompense de ses services les fiefs de Richwiller et de Morschwiller. *Armes* de la famille de Bergeret : D'azur à la fasce d'or accompagnée de trois étoiles d'argent. (D'Hozier, *Armorial général*, volume d'Alsace, *mss.*)

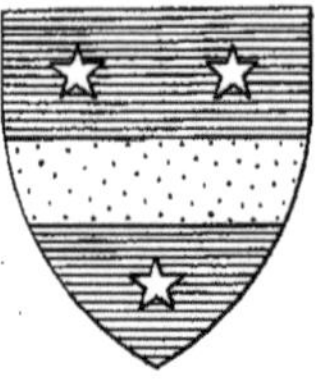
de Bergeret.

(3) Casimir de Seze fut condamné à 2,000 francs d'amende et à 3 mois de prison, attendu, dit le jugement, « qu'il s'est « rangé parmi les modérés, cette classe d'hommes qui, par ses « principes, a ralenti la marche de la Révolution... » — La *Commission militaire* de Bordeaux, présidée par le trop fameux *Lacombe*, fonctionna du 23 octobre 1793 au 29 juillet 1794; sur 845 personnes qui lui furent déférées, 304 furent condamnées à mort et exécutées.

noces Delphine Fonfrède, dont il eut une fille morte enfant, et en secondes noces Adèle Bontemps du Barry. De sa seconde femme, il eut aussi une fille :

Nathalie, 1810-1871, mariée le 22 juillet 1834 avec *Amable, vicomte de Batz d'Aurice* (1), 1802-1876, dont la famille conserve des lettres d'Henri IV à ses aïeux (2), seigneurs à Saint-Sever sur l'Adour. Lui-même habitait le château de *Lamothe*, près Saint-Sever.

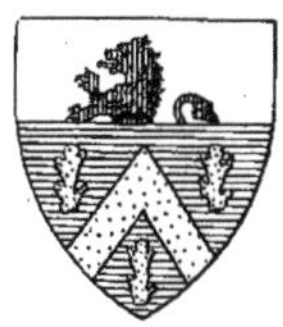

de Batz d'Aurice.

(1) De BATZ d'AURICE, *Armes* : D'azur à un chevron d'or, accompagné de trois chicots du même en pal, posés 2 en chef et 1 en pointe : et un chef d'argent chargé d'un lion de gueules naissant. — V. sur cette famille La Chesnaye des Bois, *Dictionnaire de la noblesse*, supplément III; d'Hozier, *Armorial général de France;* et O'Gilvy, *Nobiliaire de Guyenne et de Gascogne*, t. I.

Jean de Batz, baron d'Armanthieu, conspirateur royaliste sous la Terreur, appartenait à cette famille. C'est de lui qu'il est parlé dans la lettre suivante :

« Du 3 floréal an II *.

« A Fouquier-Tinville.

« Le Comité t'enjoint de redoubler d'efforts pour découvrir l'infâme Batz. Souviens-toi... « que ses relations s'étendent partout..; que ce Catilina a été constamment l'âme de tous « les complots...; qu'après avoir professé la tyrannie dans la Constituante, il tenait à Paris « et à Charonne le Comité autrichien dirigé par la femme du tyran; que, pour sauver Capet, « il était des quatre qu'on entendit sur le boulevard, le 21 janvier, criant : « A nous, ceux qui « veulent sauver le Roi! » que par les scélérats Michonis et Cortey il a été au moment d'en- « lever la famille Capet au Temple...

« Ne néglige... aucun indice; n'épargne aucune promesse pécuniaire ou autre; demande- « nous la liberté de tout détenu qui promettra de le découvrir mort ou vif..; répète qu'il est « hors la loi, que sa tête est à prix; que son signalement est partout, qu'il ne peut échap- « per... C'est te dire que nous voulons à tout prix ce scélérat, et que le Comité compte sur « toi essentiellement...

« *Les membres du Comité de surveillance et de sûreté générale de la Convention nationale.* »

Le Comité en fut pour ses frais : de Batz échappa. — V. *Le Baron de Batz*, 1792-1795, par G. Lenôtre (Paris, in-8, Perrin, 1896).

(2) C'est à un *de Batz* qu'est adressé ce joli billet du roi Henri IV :

« Mon faulcheur, mets des aisles à ta meilleure beste. J'ay dict à Montespan de crever la « sienne. Pourquoy ? tu le sçauras de moy à Nerac : hastes, cours, viens, vole : c'est l'ordre « de ton maistre et la prière de ton amy.

« Henry. »

Archives nationales, W. 389.

PREMIÈRE BRANCHE

SIXIÈME DEGRÉ

RAYMOND (1), COMTE DE SEZE, 1748-1828, est le *Défenseur de Louis XVI.* — D'abord avocat à Bordeaux, il fut bientôt assez connu pour que les maîtres du barreau de Paris (2) l'invitassent à venir se fixer parmi eux. Dès son début à Paris, il fut applaudi en pleine audience (3), et félicité par les magistrats. Il fut

Raymond de Seze, d'après Quenedey.

(1) Le prénom de *Raymond* figure seul sur l'acte de baptême du Défenseur du Roi *. Néanmoins, il portait celui de *Romain*. C'est ainsi qu'on l'appelait en famille, et qu'il signait ses consultations et mémoires.

(2) *Élie de Beaumont*, *Gerbier*, *Target* : Raymond de Seze fut en outre patronné à ses débuts à Paris en 1784, par le *comte de Vergennes*, ministre des affaires étrangères : M. de Vergennes s'intéressait vivement à la *marquise d'Anglure*, dont Raymond de Seze était l'avocat. (Sur le procès d'Anglure, v. *Annales du Barreau*, t. VIII, p. 4.)

(3) « M. de Seze est un homme de bonne condition dans le Bordelais, lequel avait em-
« brassé la profession d'avocat... Avec un talent dialectique et une éloquence... hors de ligne,

* « Du 27 septembre 1748. A été baptisé Raymond, fils légitime de Me Jean de Seze, avocat en la Cour, « et de Mlle Marthe Dubergier, paroisse Saint-Pierre. Parrain, M. Raymond Dubergier, oncle maternel « du baptisé; marraine, Mlle Suzanne Mercier, épouse de M. Pierre Dubergier, ancien consul en cette « ville; et à leur place, Guillaume Macé avec Marie Vergne. Naquit hier, entre six et sept du matin, « le père absent; n'ont pas signé. » (Archives du greffe du tribunal civil de Bordeaux. Registres de la paroisse Saint-André, année 1748, fo 60.)

l'un des conseils de Marie-Antoinette en 1787 dans la fameuse affaire

« et comme il avait la réputation d'un homme intègre et courageux, il ne pouvait manquer « d'illustrer sa robe, et je ne doute pas que, sans la Révolution, il ne fût parvenu aux pre- « mières dignités de la magistrature. On n'avait pas l'idée d'un succès pareil à celui qu'il « obtint le jour de son début au barreau de Paris, et voici ce que j'en ai retrouvé dans mes « notes :

« Avant-hier, mercredi 4 août, un gentilhomme de Guyenne, appelé M. de Sèze, a débuté « comme avocat devant le Châtelet de Paris; c'était dans une cause... dénuée d'intérêt et « pour... les héritiers du philosophe Helvétius. Il a plaidé pour Madame d'Andlaw avec « un éclat sans exemple, et pendant son plaidoyer, qui a duré plus de cinq quarts d'heure, « on a remarqué qu'il n'avait pas été besoin de faire crier silence par les huissiers, si ce « n'est une seule fois, où le public avait fait entendre un murmure approbateur. Il a trouvé « moyen de mêler du pathétique à la sécheresse de cette discussion; les juges avaient les « yeux... fixés sur ce jeune orateur avec une expression d'étonnement et de considération...; « enfin l'auditoire et le jeune barreau ont fini par l'applaudir..., à plusieurs reprises, avec « transport, et sans que les magistrats aient entrepris de réprimer un pareil mouvement, ce « qui témoigne assez quelle était leur émotion.

« Le jeune de Sèze a gagné sa cause, et lorsque M. le lieutenant civil (c'était le vénérable « Angran d'Alleray) a eu prononcé le jugement, il a dit, avant de se rasseoir et tenant son « bonnet galonné dans sa vieille main : — *Maître de Sèze, n'avez-vous pas une autre « cause à plaider?*

« Le jeune avocat, étonné de la demande inusitée de ce magistrat, a répondu : Non, Mes- « sire; et dans toute la salle on a paru très surpris de cette apostrophe de M. d'Alleray.

« — *De Sèze*, a repris le lieutenant civil après s'être mis à siège et recouvert, *le plus beau « privilège de cette capitale est celui d'attirer et de retenir dans son sein tous les sujets qui « se sont distingués par la vivacité de leurs lumières et l'éclat de leurs talents dans les pro- « vinces de ce grand royaume. C'est vous témoigner assez, Maître de Sèze, avec quelle satis- « faction la Cour vous a entendu, et combien elle désire vous voir fixé au barreau de Paris.*

« Attendri jusqu'au fond de l'âme et comme étourdi de ce compliment..., M. de Sèze a ré- « pondu, les larmes aux yeux, qu'il ne pouvait reconnaître en ce moment une faveur aussi... « glorieuse pour lui, que par un profond silence.

« Hier jeudi, M. de Sèze est allé rendre ses devoirs à M. le lieutenant civil, qui n'a pas « manqué de l'accueillir avec une bonté parfaite, en lui disant : — *Mon enfant, si je vous ai « complimenté comme je l'ai fait publiquement, c'était pour ma satisfaction personnelle; un « homme tel que vous n'a pas besoin d'encouragement.*

« Il est à savoir aussi que l'avocat adversaire... s'était trouvé si pleinement confondu, « qu'il n'avait pas voulu répliquer à M. de Sèze, et qu'il avait prétexté d'un gros rhume avec « une extinction de voix subite. M. le premier avocat du roi, Hérault de Séchelles, en prit « occasion de prophétiser au jeune de Sèze qu'il en *enrhumerait bien d'autres*, et, du reste, « il avait été le féliciter à la fin de l'audience au nom de messieurs du Parquet. »

Extrait des *Souvenirs de la marquise de Créquy*, 1710 à 1803, t. IV, chap. III *in fine* (Michel Lévy frères, Paris, 1867). — Ces *Souvenirs* ne sont pas de la plume de Mme de Créquy, et notamment le récit ci-dessus est visiblement inspiré des journaux de l'époque.

du *Collier,* et dans d'autres circonstances (1). Il devint aussi l'avocat de *Monsieur* (le comte de Provence), plus tard Louis XVIII (2).

En 1790, il fut chargé de défendre le baron de Bezenval (3), accusé du crime de *lèse-nation,* à la suite de la prise de la Bastille, qu'il avait ordonné de défendre : il le fit acquitter : et, à l'occasion de cette affaire,

(1) « Dans le nombre des traits qui caractérisaient... la bonté de la reine, on doit placer « son respect pour la liberté individuelle... Sa patiente bonté fut mise à une bien désagréable « épreuve par un conseiller au Parlement de Bordeaux, nommé Castelnaux : cet homme « s'était déclaré l'amoureux de la reine, et était connu sous ce nom. Durant dix années.... « il fit tous les voyages de la Cour; pâle, hâve comme les gens dont l'esprit est égaré, son « aspect... inspirait un sentiment pénible : pendant les deux heures que durait le jeu public « de la reine, il restait sans bouger en face de... Sa Majesté; à la chapelle, il se plaçait de « même sous ses yeux, et ne manquait pas de se trouver au dîner du roi ou au grand cou-« vert; au spectacle..., il s'asseyait le plus près possible de la loge de la reine; il partait « toujours pour Fontainebleau, pour Saint-Cloud, un jour avant la cour: et lorsque Sa Ma-« jesté arrivait dans ces... habitations, la première personne qu'elle rencontrait... était ce « lugubre fou... Pendant les séjours de la reine au Petit Trianon, la passion de ce malheu-« reux... devenait encore plus importune; il mangeait à la hâte un morceau chez quelque « suisse, et passait le jour entier, même par les temps de pluie, à faire le tour du jardin... « La reine le rencontrait souvent quand elle se promenait...; cependant elle ne voulait per-« mettre aucun moyen de violence pour la soustraire à cette... importunité. Ayant un jour « donné à M. de Sèze une permission d'entrer à Trianon, elle lui fit dire de se rendre chez « moi, et m'ordonna d'instruire ce célèbre avocat de l'égarement d'esprit de M. de Castel-« naux; puis de l'envoyer chercher, pour que M. de Sèze eût avec lui un entretien. Il lui parla « près d'une heure... : enfin M. de Castelnaux me pria d'annoncer à la reine que..., puisque « sa présence lui était importune, il allait se retirer dans sa province. La reine fut fort aise « et me recommanda de bien exprimer à M. de Sèze toute sa satisfaction. Une demi-heure « après... on m'annonça le malheureux fou; il venait me dire qu'il se rétractait, qu'il ne « pouvait... cesser de voir la reine aussi souvent que cela lui était possible. Cette... réponse « était désagréable à porter à Sa Majesté; mais combien je fus touchée de l'entendre dire : « Eh bien, qu'il m'ennuie! mais qu'on ne lui ravisse point le bonheur d'être libre. »

Extrait des *Mémoires sur la vie privée de Marie-Antoinette,* par Mme Campan, femme de chambre de la Reine, t. I, chap. x, p. 254. (Baudouin frères, Paris, 1823.) — On attribue ces *Mémoires* à M. Girod : dans tous les cas, le fond en a bien été fourni par Mme Campan.

(2) Le dernier arrêt rendu par le Parlement de Paris le fut au profit de *Monsieur,* sur la plaidoirie de Raymond de Seze, contre les héritiers *de la Bretignère.* Les portes du Parlement furent fermées le lendemain de l'arrêt (15 octobre 1790). — V. dans la *Semaine littéraire* du 26 juillet 1842 (supplément de *la Quotidienne*), sous le titre : *Un complice de Louis XVIII,* le curieux épilogue de l'affaire de la Bretignère.

(3) *Plaidoyer prononcé à l'audience du Châtelet de Paris,* le 1er mars 1790, *pour le baron de Bezenval.* (Paris, Prault, 1790.) — Le baron de Bezenval commandait les troupes dans Paris.

il reçut, du Roi de Pologne (1), une lettre flatteuse (2) avec une médaille d'or portant l'inscription *Bene merentibus*.

Mais une plus haute mission lui était réservée. M. de Malesherbes le désigna pour la *Défense de Louis XVI*. Raymond de Seze fut prompt à répondre à cet appel. Il était plus de minuit, quand l'envoyé de M. de Malesherbes vint porter ses propositions à de Seze. Voici sa réponse : « Avant de me coucher, j'ai lu dans le *Journal du soir* un arrêté du Con- « seil général qui porte que les défenseurs du Roi, une fois entrés au « Temple, n'en sortiront plus qu'avec Sa Majesté. Je regarde cet arrêté « comme un acte de proscription contre les défenseurs du Roi, et je « m'y voue de tout mon cœur. » C'était sa vie qu'il offrait : mais l'arrêté ne fut pas mis à exécution, et les Défenseurs purent sortir du Temple. — Ce fut le *26 décembre 1792* que Raymond de Seze prononça sa plaidoirie (3) à la barre de la Convention.

En sortant de la séance, le Roi demanda à M. de Malesherbes ce

(1) Stanislas Poniatowski, qui fut roi de Pologne de 1764 à 1795.

(2) Extrait d'une lettre du roi de Pologne à son agent à Paris :

(Du 7 avril 1790.)

« ... Quoique je ne manque assurément pas d'occupations, j'ai cependant relu le plai- « doyer de M. de Sèze pour le baron de Bésenval. La seconde lecture m'a fait encore plus de « plaisir. Il a plaidé pour mon parent avec plus de succès que Cicéron *pro Milone*, et assu- « rément avec plus de courage, quoique le danger fût égal pour le moins.

« Priez M. de Sèze d'agréer dans la médaille ci-jointe une marque de mon estime et de ma reconnaissance.

« J'ai remarqué avec une satisfaction particulière dans son discours la justice qu'il rend « au vraiment bon Louis XVI... »

Cette même défense de Bezenval valut à Raymond de Seze de nombreux témoignages d'estime et d'admiration. On en jugera par le passage suivant d'une lettre de *Marmontel* :

« Vous avez défendu M. le baron de Besenval de manière à faire envie aux deux plus « grands orateurs antiques. Démosthène semble vous avoir légué sa massue et Cicéron ses « filets. C'est un heureux trait de génie que l'usage que vous avez fait de l'exorde de la *Mi-* « *lonienne*... : mais dans votre péroraison, ce n'est plus en imitant, c'est en égalant celle du « défenseur de Milon que vous nous l'avez rappelé .. »

(Du 19 mars 1790.)

(3) Louis XVI et ses autres conseils, notamment Tronchet, après avoir pris connaissance de cette plaidoirie, exigèrent que de Seze en supprimât une partie : le Roi se refusait à *attendrir* ses bourreaux. — *Défense de Louis, prononcée à la barre de la Convention nationale le mercredi 26 décembre 1792, l'an premier de la République, par le citoyen Deseze, l'un de*

qu'il pourrait faire pour témoigner sa reconnaissance à de Seze. « *Sire, embrassez-le*, » répondit Malesherbes, et le Roi serra Raymond de Seze dans ses bras (1); puis, l'obligeant à changer de linge à cause de la sueur dont il était couvert, il voulut faire chauffer lui-même la chemise qu'on lui préparait.

Lors du rejet de l'*Appel au peuple*, Raymond de Seze se retira quelques jours à Malesherbes près de son vénérable ami. Rentré à Brevannes où il avait une maison de campagne, il y vivait obscurément, quand la Convention le fit arrêter *par mesure de sûreté générale* (2). En prison, avec une sérénité d'âme qui lui était particulière, dit Chateaubriand, il transforma sa cellule en école : il y commenta ce chapitre de Montaigne, « *Que philosopher, c'est apprendre à mourir* »; il étudia l'anglais à la Force, et l'italien à Picpus, attendant son tour de monter sur l'échafaud, où l'on immolait chaque jour de malheureuses victimes, dont les corps étaient jetés dans une fosse qu'il apercevait de sa prison. Mais Robespierre n'eut pas le temps de frapper tous les infortunés qui remplissaient les cachots de la Terreur, et le 9 thermidor (27 juillet 1794), en ouvrant la porte des prisons, rendit la liberté à Raymond de Seze. — Devenu libre, le Défenseur de Louis XVI crut devoir à la cause qu'il avait soutenue de se tenir désormais dans la retraite : il fut fidèle à ce

ses défenseurs officieux (*imprimée par ordre de la Convention, Paris, Imprimerie nationale*, 1792). — V. un compte rendu de cette *Défense* dans le *Patriote français* du 27 décembre 1792; Prud'homme, *les Révolutions de Paris*, t. XV, nº 181; Mortimer-Ternaux, *Histoire de la Terreur*, t. V, p. 281; de Montgaillard, *Histoire de France*, t. III, p. 319, etc... — La *Défense* fut imprimée et envoyée à tous les départements par ordre de la Convention. Prud'homme, *loc. cit.*, et les *Annales du barreau*, t. VIII, p. 88, l'ont reproduite. Elle a été traduite en italien (Lorenzo Manini, Crémone, 1793).

(1) Mortimer-Ternaux, t. V, p. 347; *Mémoires* de l'abbé Morellet; Hue, p. 512.

(2) Du 20 octobre 1793, arrestation de Romain-Raimond de Seze, âgé de quarante-quatre ans, natif de Bordeaux, et à Paris rue de Chaume, nº 4, homme de loi : incarcéré à la Force par mesure de sûreté générale : conduit dans la maison de santé de la rue du Chemin Vert, le 11 pluviôse an II, par ordre de l'administration de police : transféré à Picpus le 24 germinal an II par ordre de la même administration. — Archives de la préfecture de police : *Registre des prisonniers détenus à l'hôtel de la Force* (du 8 septembre 1792 au 30 thermidor an II), et *Catalogue Labat* (ordres d'arrestation, de transfèrement, de mise en liberté). Le procès-verbal d'arrestation est aux Archives nationales, F 17ᵉ. — Raymond de Seze habitait Brevannes depuis déjà trois ans. Il resta en prison jusqu'au 30 thermidor.

devoir (1) : ainsi, on renonce à le nommer au Conseil des Cinq-Cents, dans l'Eure en 1795 (2) ; ainsi encore, on le voit repousser les faveurs de Napoléon, alors que tout pliait sous sa volonté (3).

Comtes de Seze.

A la Restauration, Raymond de Seze fut nommé premier président de la Cour de Cassation le 15 février 1815 (4), Commandeur Grand-Trésorier des Ordres du Roi le 19 du même mois, Pair de France le 17 août 1815, chevalier de Malte, ministre d'État et membre du Conseil privé le 28 mai 1825, successeur de Ducis à l'Académie Française en 1816 (5). — En outre, Louis XVIII lui avait donné le titre de *Comte*, avec des armes spéciales (6).

(1) Cependant, la Convention ayant supprimé les avocats pour les remplacer par les « défenseurs officieux », quelques avocats, désireux de n'être pas confondus avec ceux-ci, formèrent une association soumise à l'ancienne discipline de l'Ordre, se réservant d'en exclure les indignes. C'étaient les *avocats du Marais* : Raymond de Seze en fit partie. — V. l'*Éloge de Bellart* prononcé le 25 novembre 1893 par A. Martini à la Conférence des avocats à la Cour de Paris (*Gazette des Tribunaux* des 27-28 novembre 1893). — Raymond de Seze renonça désormais à la plaidoirie, mais il continua à donner des consultations. Le recueil de ses *Mémoires* forme 31 volumes in-4°.

(2) Lettre de Raymond de Seze à son frère aîné, du 3 floréal an III (27 avril 1795. Inédit).

(3) V. à ce sujet la scène faite au Corps législatif par Napoléon, le 1er janvier 1814 : Thiers, *Histoire du Consulat et de l'Empire*, t. XVII, livre 51, pp. 178 et suiv. (Paris, Lheureux, 1860). V. ce fait aussi rapporté dans l'*Histoire généalogique et héraldique des Pairs de France*, du chevalier de Courcelles, t. VIII, p. 259 (Paris, 1827). — Il n'y a pas à prendre au sérieux l'allégation de Montgaillard (*Histoire de France*, t. III, p. 522, 2e édition, Paris, 1827), suivant laquelle le Défenseur de Louis XVI aurait sollicité avec instances de Napoléon Ier une place quelconque dans l'administration. C'est une pure calomnie contre laquelle le Défenseur a protesté lui-même publiquement. (*Mémorial de Bordeaux* du 9 mars 1827 : v. aussi lettre à son frère aîné du 26 avril 1827 : inédite.) Pour juger de la créance que mérite Montgaillard, il est bon de se rappeler ce qu'en disait Napoléon Ier : « On en pourrait faire quel« que chose, s'il n'était bon à pendre. »

(4) Remplacé pendant les Cent-Jours par M. *Muraire*, son prédécesseur; Raymond de Seze suivit Louis XVIII à Gand pendant cette période.

(5) V. les *Discours* prononcés dans la séance publique tenue par l'Académie française pour la réception de M. de Seze le 25 août 1816. (*Actes de l'Académie.*) — Le fauteuil occupé par le Défenseur est celui de Voltaire (12e fauteuil).

(6) Du 9 décembre 1817.

« Louis,...

« Voulant donner à notre très cher amé et féal le Comte de Sèze, pair de France, pre-

Il continua d'habiter Paris ou dans une petite propriété qu'il possédait depuis longtemps à Brevannes, entouré de l'estime universelle (1), comblé d'honneurs et de bienfaits par l'autorité royale. Il remplit jusqu'à sa mort les hautes fonctions législatives et judiciaires dont il avait la charge.

Il mourut en 1828, assisté par Mgr de Quélen. — Chateaubriand et M. de Barante ont prononcé son éloge, l'un à la Chambre des Pairs (2),

« mier président de la Cour de Cassation, Commandeur et Grand-Trésorier de nos Ordres, « un nouveau témoignage de notre bienveillance pour le dévouement et la fidélité dont il « nous a donné des preuves, et consacrer en même tems le souvenir des services qu'à une « époque de douloureuse mémoire il a rendus au Roi notre cher et bien-aimé frère :

« Nous lui avons permis et permettons de substituer dans ses armoiries au croissant et « aux trois tours qui s'y trouvent des *fleurs de lys sans nombre et une tour* figurant la tour « du Temple; et pour devise extérieure le 26 *décembre mil sept cent quatre-vingt-douze* en « toutes lettres.

« Donné au château des Tuileries, etc.. »

Les armes des Comtes de Seze sont : De gueules au château du Temple d'argent, accompagné en chef de deux étoiles d'or, et en pointe de seize fleurs de lys d'argent, 7, 6 et 3.

(1) Comme exemple de la vénération dont de Seze était l'objet, on peut citer les vers suivants. — L'Archevêque de Reims demande à Charles X de lui nommer ses douze pairs :

L'ARCHEVÊQUE.

Ce sage revêtu de la toge à longs plis
Où l'on voit enlacés des cyprès et des lis,
Et qui tient dans ses mains ton glaive et ta balance?

LE ROI.

Arrête! Ce nom seul fait incliner la France!
C'est DESÈZE! C'est lui dont l'éloquente voix
S'éleva pour sauver le pur sang de ses rois,
Quand, aux fers des bourreaux, impatients du crime,
Disputant sans espoir la royale victime,
Il fallait un martyr pour défendre un Bourbon.
Lui seul de ce grand meurtre a lavé son beau nom.
Louis à l'avenir a légué sa mémoire,
Et ces deux noms unis sont scellés dans l'histoire!

Lamartine, *Chant du sacre*, 1824. (*Œuvres complètes*, t. III, p. 452, Paris, 1855.) Il est à noter que de Seze ne connaissait pas Lamartine.

(2) *Discours prononcé à la Chambre des Pairs* par M. le vicomte de Chateaubriand *à l'occasion de la mort de M. le Comte de Seze*, le 18 juin 1828. (Paris, Pinard, 1828; réimprimé

Médaille à l'effigie
de Raymond Comte de Seze, frappée en 1830
sur l'ordre de Charles X.

l'autre à l'Académie française (1), et le *Testament de Louis XVI,* qui le mentionne spécialement, assure à sa mémoire une gloire impérissable (2). Charles X fit frapper une médaille en son honneur.

Depuis, son éloge a été prononcé au palais de justice de Bordeaux en 1868 (3), et un monument élevé dans la salle des Pas-Perdus du palais de justice de Paris rappelle son souvenir à la génération présente (4).

Raymond de Seze avait épousé en 1780 MARGUERITE BRETHOUS, † 1825, veuve de Messire *Pierre-Lazare Dumas*, écuyer, conseiller au Parlement de Bordeaux, et déjà mère de deux filles (5). Il en eut trois enfants :

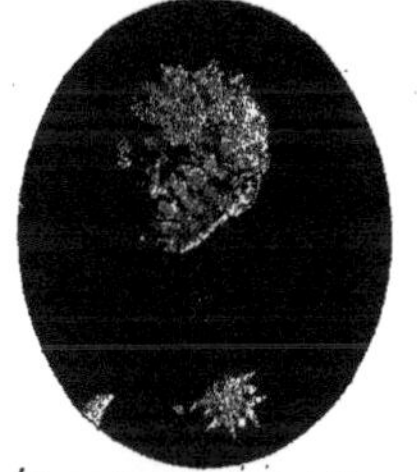

Étienne Romain, comte de Seze,
d'après une photographie.

1° ÉTIENNE-ROMAIN, COMTE DE SEZE, 1781-1862,

en 1861 chez Didot par les soins du petit-fils du Défenseur.)

(1) *Discours* prononcés dans la séance publique tenue par l'Académie française pour la réception de M. le baron de Barante, le 20 novembre 1828. (*Actes de l'Académie.*)

(2) « Je prie MM. *de Malesherbes*, *Tronchet* et *de Seze,* de « recevoir ici tous mes remerciements et l'expression de ma « sensibilité, pour tous les soins et les peines qu'ils se sont « donnés pour moi. » — *Testament de Louis XVI.*

(3) *Éloge historique de Romain de Sèze*, prononcé le 22 janvier 1868, par M. Vigneaux. (Bordeaux, Lefraise, in-8.)

(4) Bas-relief du monument de Malesherbes, par Bosio. — Sur Raymond, comte de Seze, v. Chauvot, *Le Barreau de Bordeaux*, p. 75; *Notice sur le premier président de Seze* par F. Grelot, parue dans *la France judiciaire*, numéro de décembre 1876; *Le Barreau à l'Académie*, p. 47 et suiv., par E. Bourdillon (Paris, Claye, in-8, 1874); *Éloge de de Seze*, par A. Mascarel (Paris, Bouquerel, in-8, 1868); etc...

(5) *Marie*, qui épousa *Jean-Baptiste de Chauvet*, conseiller au Parlement de Bordeaux (aïeul et aïeule de Louise de Villeminot, femme d'Aurélien de Seze : v. *infra*, p. 60 et

de Montebise.

président de Chambre à la Cour de Paris de 1822 à 1830, membre de la Chambre des Pairs de 1828 à 1830 (1), et chevalier du Saint-Esprit en 1829. Il est l'auteur d'une *Histoire de l'événement de Varennes* (2). — Il avait épousé, le 12 août 1822, ARMANDE BERNARD DE MONTEBISE (3), 1789-1854, fille du *marquis de Montebise.* Il en eut deux enfants :

Raymond, comte de Seze, né en 1823, et mort célibataire à Rome en 1869.

Louise, 1826-1839.

2° ADOLPHE, BARON DE SEZE, qui continue la filiation : son article suit.

3° HONORINE, 1787-1855, mariée en 1812 avec HUBERT ROHAULT, BARON DE FLEURY (4), 1778-1866, lieutenant général du génie, Pair de France, chevalier de Saint-Louis, Grand-Croix de la Légion d'Honneur, commandant en chef le génie au siège de Constantine (1837).

69), et *Jenny*, qui épousa *Pierre Ducasse* (aïeul et aïeule de la famille *Duroy de Suduiraut*).

(1) V. aux Archives nationales, CC. 489, n° 247, le dossier de l'*Information ouverte pour l'admission à titre d'hérédité de M. le Comte de Seze à la Chambre des Pairs*, en vertu de l'ordonnance du 23 mars 1816.

(2) *Histoire de l'événement de Varennes* (Paris, G.-A. Dentu, 1843). — De Romain de Seze encore : *Du serment politique et de la souveraineté en France* (Paris, G.-A. Dentu, 1834). — V. sur Romain de Seze un article nécrologique dans le journal l'*Union* du 26 mai 1862.

(3) BERNARD DE MONTEBISE, famille de l'Orléanais. *Armes* : D'azur à la licorne d'argent. — V. sur cette famille La Chesnaye des Bois, *Dictionnaire de la noblesse*, t. II.

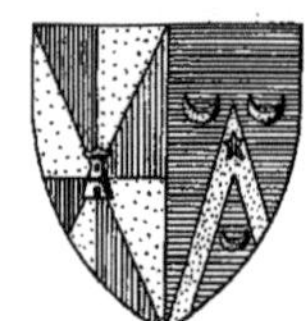
Rohault de Fleury.

(4) ROHAULT DE FLEURY, famille du Dauphiné. *Armes* : Parti : au 1, gironné d'or et de gueules de huit pièces à la tour d'argent en-brèche posée en abîme, *qui est de Girone;* au 2, d'azur au chevron d'or, chargé d'une étoile de gueules, accompagné de trois croissants d'or, 2 en chef et de 1 en pointe. — Après la guerre d'Espagne de 1823, à laquelle le baron de Fleury prit une part active, Louis XVIII lui donna des armes différentes de celles de sa famille : c'est par allusion à cette campagne que la tour de Girone figure dans le blason ci-contre.

SEPTIÈME DEGRÉ

Adolphe de Seze,
d'après un médaillon en bronze de Barré.

ADOLPHE, BARON DE SEZE, 1783-1866, d'abord sous-préfet, fut maître des requêtes au Conseil d'État en 1821, officier de la Légion d'Honneur, et gentilhomme honoraire de la Chambre du roi Charles X (1). Après 1830, il vécut retiré à Paris et à Versailles, et visita plusieurs fois Charles X dans son exil : il a écrit deux petits opuscules remplis des souvenirs de ses voyages (2).

Il avait épousé, le 27 juin 1817, HENRIETTE-ALEXANDRINE-CLARA MOREL DE FOUCAUCOURT (3), 1800-1869. Le Roi et la famille royale signèrent à son contrat de mariage.

Il en eut quatre enfants :

Morel de Foucaucourt.

(1) Nommé par ordonnance du 12 avril 1829 (Archives nationales, O³ ^ 556, n° 5276) : il figure encore en cette qualité dans le *Calendrier de la Cour pour l'année* 1830. (Paris, Le Doux-Hérissant.)

(2) *Souvenirs de Lulworth, d'Holy-Rood et de Bath* (Paris, in-24, G.-A. Dentu, 1831); et *Nouveaux souvenirs d'Holy-Rood* (Paris, in-24, G.-A. Dentu, 1832).

(3) MOREL DE FOUCAUCOURT, famille originaire de Picardie. *Armes* : D'azur à trois glands d'or renversés posés 2 et 1, et une fleur de lys du même en abîme. — Cette fleur de lys a été concédée aux Foucaucourt par Charles VIII après et à l'occasion de la bataille de Fornoue (1495) : cependant, une autre tradition attribue cette distinction à François Ier, à

1° Claire, née en 1818, mariée en 1845 avec Armand de Fougières (1).

2° Marie, 1820-1875, mariée en 1844 avec Alexandre du Plessis de Pouzilhac (2), † 1885, alors magistrat, des environs de Nîmes.

3° Louis, baron, puis comte de SEZE, qui continue la filiation : son article suit.

4° Anatole, né en 1823, mort célibataire à Boulogne-sur-Mer en 1878.

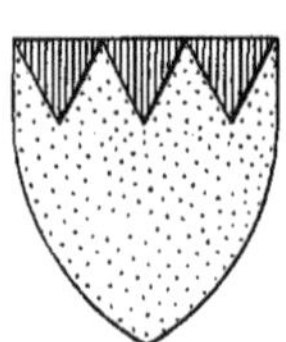

de Fougières.

du Plessis de Pouzilhac.

l'occasion de la bataille de Pavie (1525). — Le *baron de Foucaucourt*, grand-père de Claire de Foucaucourt, fut de ceux qui, en 1789, se présentèrent comme *otages de Louis XVI* (v. *supra*, p. 31, note 1). — V. sur cette famille La Chesnaye des Bois, *Dictionnaire de la Noblesse*, t. XIV de la réimpression (3e édition, 19 vol. in-4, Paris, Schlesinger, 1863), et Magny, *Livre d'or de la noblesse française*.

(1) De FOUGIÈRES, famille établie dans le Berry depuis le XVe siècle. *Armes* : D'or à trois pointes de gueules renversées en chef.

(2) Du PLESSIS de POUZILHAC, famille du Languedoc. *Armes* : De sinople au chevron d'argent accompagné en chef de deux cœurs d'or et en pointe d'une gerbe du même. (Armes ainsi réglées dans les lettres patentes qui ont érigé la terre de *Pouzilhac* en majorat, ce qui est très rare.)

HUITIÈME DEGRÉ

LOUIS, d'abord BARON, puis COMTE DE SEZE après son cousin *Raymond* (*supra*, p. 45), 1821-1881, fut placé par la duchesse d'Angoulême dans un régiment de Cadets en Autriche, où il ne resta que quelques années. Il fut l'ami intime et dévoué de l'illustre général *de Sonis* (1).

Rentré en France, il s'était fixé près de Blois, dans son château *des Tourelles*, où il est mort le 19 mai 1881.

Il avait épousé, en 1848, HORTENSE FULLER (2), 1827-1888, fille de *Francis Fuller*, esq., 1763-1841, général en chef au service de sa Majesté Britannique, colonel propriétaire du 2e régiment des Indes orientales, ancien gouverneur de la Jamaïque, et d'*Amélie-Ernestine de Peyrac*. Ils ont eu six enfants :

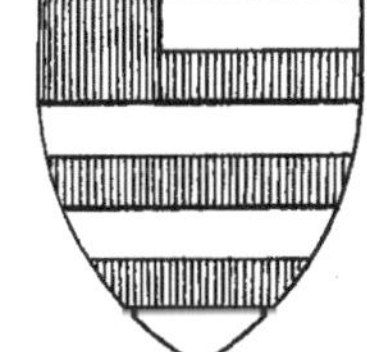
Fuller.

1° MARIE-THÉRÈSE, née en 1849, religieuse Dominicaine à Oullins (Rhône).

2° HENRI, COMTE DE SÈZE : son article suit.

(1) V. *Le général de Sonis*, par Mgr Baunard (Paris, in-8, Poussielgue, 1894, 41e édition) : le nom de *Louis de Seze* revient incessamment dans ce beau livre.

(2) FULLER, famille originaire du comté de Buckingham (Angleterre). *Armes* : D'argent à trois fasces de gueules et un canton du même. (*Armorial général* de J.-B. Rietstap.) Les Fuller portent un phare-fanal en cimier au-dessus de leurs armes, en mémoire d'un de leurs ancêtres qui sauva l'armée anglaise sous Charles Ier en donnant l'éveil par un grand feu.

de Maleville.

3° ALICE, 1853-1878, de l'Ordre des Dames auxiliatrices du Purgatoire, morte au Sen-mou-ie, près Shangaï (Chine).

4° GASTON DE SEZE, né en 1855, capitaine au 50e régiment d'infanterie de ligne, chevalier de la Légion d'Honneur, marié en 1883 avec JEANNE DE MALEVILLE (1), dont il a quatre enfants :
Louis, né en 1885.
Alice, née en 1886.
André, né en 1888.
René, né en 1892.

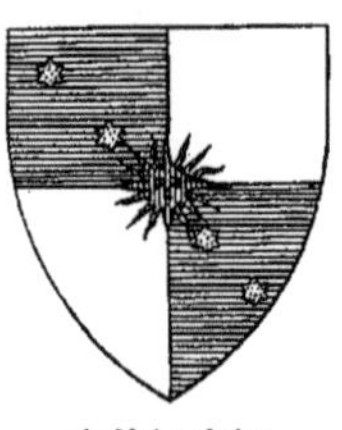
de Mohrenheim.

5° ÉDOUARD DE SEZE, né en 1858, capitaine au 66e régiment d'infanterie de ligne, chevalier de l'Ordre de Sainte-Anne de Russie, marié en 1890 par le cardinal Richard, archevêque de Paris, avec MARIE DE MOHRENHEIM (2), fille du *baron de Mohrenheim*, ambassadeur de Russie en France. Ils ont trois enfants :
Paul, né en 1893.
Louise, née en 1894.

(1) DE MALEVILLE, famille du Périgord. *Armes* : D'azur à trois molettes d'éperon d'or posées 2 et 1. — V. sur cette famille l'*Histoire généalogique et héraldique des pairs de France* du chevalier de Courcelles, t. VII, p. 270. — Jeanne de Maleville descend en ligne directe de *Jacques de Maleville* (1741-1824), un des rédacteurs du Code civil.

(2) DE MOHRENHEIM, famille originaire d'Autriche, établie en Russie (Finlande) sous Catherine II la Grande, à la fin du dix-huitième siècle. *Armes* : Écartelé : au 1 et 4, d'azur à deux étoiles à six rais d'or posées en bande : au 2 et 3, d'argent plein : sur le tout, un soleil de gueules regardant à dextre. — Le titre de Baron du Saint-Empire a été conféré à cette famille par Léopold II (1790-1792), Empereur d'Allemagne, et frère de Marie-Antoinette, reine de France.

Par sa mère, Marie de Mohrenheim descend du *baron Korff*, qui, avec le comte de Fersen, coopéra activement à la tentative d'évasion de Louis XVI et de sa famille, si lamentablement terminée à Varennes.

de George.

Michel, né en 1896.

6° MAURICE DE SEZE, né en 1861, et marié en 1886 avec MARIE DE GEORGE (1); ils habitent le château des Tourelles près de Blois.

Ils ont deux enfants :
Odette, née en 1887.
Ludovic, né en 1890.

(1) DE GEORGE, famille de Guyenne, passée au XVIe siècle en Auvergne, et établie depuis en Bourbonnais. *Armes* : D'or à un dragon d'azur.

NEUVIÈME DEGRÉ

HENRI, COMTE DE SÈZE, chef de nom de la famille de Sèze, et chef d'armes de la première branche, est né en 1851. Lors de l'invasion prussienne de 1870, il fit campagne aux Volontaires de l'Ouest (zouaves pontificaux) sous les ordres du général de Charette, où il se trouva avec ses cousins *Victor*, *Romain* et

Château de Chemazé, d'après une photographie.

Maigne de la Gravière.

Aurélien de Seze. — En 1883, lors de la mort du Comte de Chambord (mort à Frohsdorf le 24 août 1883, et enterré à Goritz auprès de son aïeul Charles X, le 3 septembre 1883), il se fit un devoir d'aller assister à ses obsèques.

Il habite le château de *Chemazé*, dans la Mayenne.

Henri de Sèze a épousé en 1878 BERTHE MAIGNE DE LA GRAVIÈRE (1) : la bénédiction nuptiale leur fut donnée par Mgr Mermillod, évêque de Genève. Ils ont trois enfants :

1° MARIE-THÉRÈSE, née en 1879.

2° RAYMOND, né en 1882.

3° GUY, né en 1889.

(1) MAIGNE DE LA GRAVIÈRE, famille originaire de l'Auvergne. *Armes* : D'argent à une montagne à trois coupeaux de sinople, chargée de deux colombes affrontées d'argent : et un chef d'azur portant une foi d'argent.

SECONDE BRANCHE

SIXIÈME DEGRÉ

PAUL-VICTOR DE SEZE, 1754-1830, fils de Jean de Seze et de Marthe du Bergier (*supra*, p. 34), auteur de la deuxième branche de la famille de Seze, après de brillantes études de médecine, philosophie et belles-lettres, écrivit, sur la *Sensibilité* (1), un livre qui est « un modèle de style, d'é« rudition, de sagacité, de raisonne« ment (2) ». — Il fut député aux États généraux de 1789 (3).

Paul-Victor de Seze, d'après Quenedey.

(1) *Recherches phisiologiques et philosophiques sur la Sensibilité ou la vie animale*, par M. de Seze. (Paris, Prault, 1786.) — Victor de Seze a laissé d'autres écrits : *Les Vœux d'un citoyen, discours adressé au Tiers-État de Bordeaux à l'occasion des Lettres de convocation pour les États généraux de* 1789 (Bordeaux, 1789, in-8 de 64 pages). — *Opinion de M. de Seze, député de Bordeaux, sur la sanction royale, lue à la séance du 4 septembre* 1790 (in-8 de 20 pages). — *Rapport et projet de décret sur le service de santé des armées et des hôpitaux militaires présentés au nom des Comités militaires et de salubrité* (Paris, Imprimerie nationale, in-8 de 20-22 pages). — *Quelques idées sur l'éducation publique, à l'occasion du discours de M. Murard de Saint-Romain, prononcé à la tribune de la Chambre des Députés, le* 31 *janvier* 1816 (Bordeaux, Pinard, in-8 de 50 pages), etc...

(2) *M. Aurélien de Seze*, par M. Nicolas, p. 479 (*Correspondant* du 10 mai 1870).

(3) *De Seze*, député des communes de la sénéchaussée de Bordeaux, signe le serment du

Nommé ensuite professeur à l'École centrale de Bordeaux en 1796, quand l'Académie de Bordeaux fut créée (en 1809), il en fut nommé recteur (1) : en 1824, il devint inspecteur général honoraire de l'Université.

Victor de Seze fut président du collège électoral de l'arrondissement de Bordeaux en l'an XI, membre du collège de département de la Gironde en 1807, membre du Conseil du duc d'Angoulême à Bordeaux en 1814, associé non résidant de l'Académie royale de médecine en 1820, conseiller municipal de la ville de Bordeaux à partir de 1815, membre d'une foule de sociétés savantes, décoré du *Lys* et du *Brassard de Bordeaux* (2) en 1814, chevalier de la Légion d'Honneur en 1814, officier du même ordre en 1824.

Il mourut le 1er avril 1830 (3).

Il avait épousé le 23 novembre 1796 SUZANNE-CAROLINE DE RAYMOND

Jeu de paume le 20 juin 1789; est membre d'une députation au Roi le 9 juillet 1789; va en députation chez le Roi pour lui demander d'éloigner les troupes de Paris, le 13 juillet 1789; membre du comité de santé le 2 novembre 1790; désigné pour assister au *Te Deum* du 14 juillet 1791. — *Table des procès-verbaux de l'Assemblée constituante.* (Imprimerie nationale, an XIV, 5 vol. in-8.)

(1) Premier recteur de cette Académie. Avant que Bordeaux fût dotée d'une Faculté, l'École centrale était devenue Lycée en 1803. En 1823, la duchesse d'Angoulême voulut assister à la distribution des prix du Lycée : charmée du discours de Victor de Seze, elle s'écria : « L'éloquence est naturelle aux de Seze, quand il s'agit de louer les Bourbons, « aussi bien que lorsqu'il s'agit de les défendre. » (Chauvot, *Le Barreau de Bordeaux*, p. 87.)

(2) Le *Brassard de Bordeaux* a été fondé en 1814 par le duc d'Angoulême : ses insignes distinctifs consistaient en une fleur de lis à la boutonnière, et au bras gauche un brassard blanc portant l'inscription : *Bordeaux, 12 mars* 1814.

(3) « M. Victor de Sèze, d'une intelligence des plus précoces,... donna les premières années « de sa jeunesse aux études médicales, sans les séparer de celles de la philosophie et des « lettres. Ses recherches... prirent corps dans un livre sur la *Sensibilité*..., où il émit... des « idées qui parurent alors bien hardies, mais qui sont maintenant celles de la science... « Député aux États généraux,... après la tourmente révolutionnaire,... il se voua aux lettres « qui ont fait la passion de toute sa vie. Lors de la création des écoles centrales, la chaire « d'histoire lui fut confiée et il la remplit avec éclat... Déjà et très jeune encore, il avait été « nommé au rectorat de l'Académie de Bordeaux... Tous les Bordelais de ma génération se « rappellent encore la noble et paternelle figure de M. de Sèze prononçant à la distribution

DE SALLEGOURDE (1), fille de *Gabriel de Raymond* (2), *marquis de Sallegourde*, conseiller de Grand'Chambre au Parlement de Bordeaux, et de *Françoise-Caroline de Chancel* (3), arrière-petite-

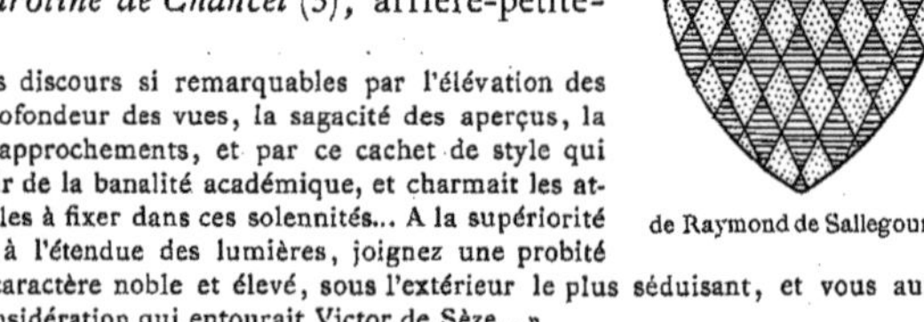

de Raymond de Sallegourde.

« des prix... ces discours si remarquables par l'élévation des « pensées, la profondeur des vues, la sagacité des aperçus, la « justesse des rapprochements, et par ce cachet de style qui « les faisait sortir de la banalité académique, et charmait les at- « tentions difficiles à fixer dans ces solennités... A la supériorité « de l'esprit et à l'étendue des lumières, joignez une probité « sévère et un caractère noble et élevé, sous l'extérieur le plus séduisant, et vous aurez « l'idée de la considération qui entourait Victor de Sèze... »

Extrait de *M. Aurélien de Sèze*, par Auguste Nicolas (*Correspondant* du 10 mai 1870, pages 479 et suivantes). — Sur Victor de Seze, v. encore *Essai sur la vie et les écrits de Victor de Sèze*, par le Dr Léon Marchant, dans les *Actes de l'Académie de Bordeaux*, 1830; et la *Statistique générale du département de la Gironde*, de Féret, t. III (1re partie, biographie), p. 573.

(1) DE RAYMOND DE SALLEGOURDE, famille de la Guyenne. *Armes* : Losangé d'or sans nombre en champ d'azur et un chef de gueules. — *Sallegourde* est une terre dans le Périgord, aujourd'hui une ferme-modèle. — V. sur cette famille La Chesnaye des Bois, *Dictionnaire de la noblesse*, supplément II (ou t. XVI de la réimpression de 1863).

(2) Ce Gabriel de Raymond descend de noble Henri de Raymond, fils de Gabriel et de Marguerite de Macanan, dame de Sallegourde : lequel Henri de Raymond épousa en 1629 Béatrix du Bernet, fille de Joseph du Bernet, premier président du Parlement de Bordeaux : par ce mariage, la baronnie d'Eyran, propriété des du Bernet, entra dans la famille de Raymond, d'où elle passa à la famille de Seze, qui possède encore aujourd'hui le château d'Eyran. — La sœur de Béatrix du Bernet, Anne, épousa en 1634 noble Jean-Baptiste de Secondat, seigneur et baron de Montesquieu et Castelnouvel, et fut la grand'mère du célèbre *Montesquieu*, l'auteur de l'*Esprit des Lois*.

du Bernet.

DU BERNET, *Armes* : D'argent au chevron de gueules accompagné en chef de deux étoiles du même, et en pointe d'une branche de Bernède (Vergne, Aulne) de sinople. — V. sur cette famille O'Gilvy, *Nobiliaire de Guyenne et de Gascogne*, t. III; et sur le président du Bernet, Communay, *Le Parlement de Bordeaux*, p. 87 (Bordeaux, Favraud, in-8, 1886).

(3) DE CHANCEL DE LA GRANGE, famille du Périgord. *Armes* : De gueules à un chêne d'or arraché, soutenu d'un croissant d'argent, et un chef d'azur chargé de trois étoiles d'argent. — V. sur cette famille d'Hozier, *Armorial général de France*, Registre III, 1re partie, et La Chesnaye des Bois, *Dictionnaire de la noblesse*, t. XIII (ou t. V de la réimpression de 1863) : dans cet ouvrage, La Chesnaye des Bois donne des couleurs autres pour les armes : D'argent à un arbre de sinople soutenu d'un croissant de gueules montant, et un chef d'azur chargé de trois étoiles d'or : mais dans un ouvrage antérieur,

fille de Chancel de la Grange, auteur des *Philippiques* (1). — Suzanne-Caroline était déjà veuve de *Pierre-Louis, Comte de Raymond des Rivières* (2), son cousin, mort à Coblentz pendant l'émigration et mère de trois enfants (3). — Née à Périgueux le 4 décembre 1770, elle mourut au château d'Eyran le 16 septembre 1851 (4).

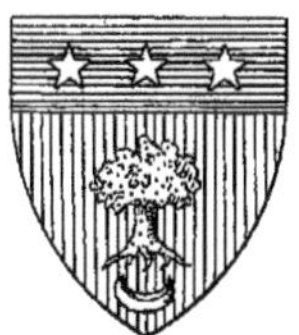
de Chancel de la Grange.

Dictionnaire généalogique, publié en 1757 (7 vol. in-8), La Chesnaye des Bois donnait les mêmes couleurs que d'Hozier.

(1) *Les Philippiques*, pamphlets en vers contre le Régent, composés vers 1720. La première édition, imprimée en Hollande en 1723, ne comprend que trois Odes. La seconde, imprimée à Londres en 1783, en comprend cinq. Une édition définitive, comprenant six Odes, a été publiée en 1876 par Léon de Labessade (*Les Philippiques*, Paris, Adolphe Mouveau et G. Levesque, in-8, 1876).

(2) DE RAYMOND DES RIVIÈRES, *Armes* : Losangé d'or sans nombre en champ d'azur. — V. sur cette famille La Chesnaye des Bois, *Dictionnaire de la noblesse*, supplément II (ou t. XVI de la réimpression).

de Raymond des Rivières.

(3) Deux moururent célibataires : un seul, *Amédée, comte de Raymond*, se maria et laissa une postérité éteinte aujourd'hui du côté des mâles dans la personne de Charles de Raymond, mort en 1887.

(4) « De Madame Victor de Sèze, que dirai-je qui réponde à l'im« pression de ceux qui l'ont connue, et qui n'étonne ceux à qui je « dois la montrer ?... Mariée, une première fois, au comte de Ray« mond, à l'âge de douze ans, elle devint mère, à quatorze, du « comte de Raymond, devenu directeur des douanes, et qui a brillé « par son esprit et par son caractère. Son enfance s'écoula à la campagne, sous la garde d'une « vieille tante dépourvue de tout ce qui pouvait former l'esprit... d'une jeune fille. Suzanne-« Caroline de Raymond fit son éducation toute seule, par des lectures livrées à son propre « choix. Mais la nature l'avait dotée de facultés éminentes... Grâce à un criterium admira« ble également composé du jugement le plus sain et du sens moral le plus exquis, ces facultés « furent préservées de tout écart et de toute méprise. Dans un temps où la société tout « entière était comme affolée d'erreurs,... cette simple enfant sut démêler les aliments des « poisons, et changer ceux-ci mêmes en remèdes. Des divers régimes qu'elle traversa « ensuite, et des révolutions auxquelles elle échappa, elle ne prit que les leçons du malheur « et l'expérience de la vie, sans les haines, les rancunes, les enivrements et les aveugle« ments des partis. Elle devint... une puissance de bonté et de miséricorde, servie par un « jugement, un art, je dirai presque un génie, auxquels ni la parole ni la plume ne fai« saient défaut. En correspondance avec les hommes les plus éminents de son époque *, elle

* Notamment MM. Ravez, Lainé, de Peyronnet, de Martignac, Decazes, Rendu, de Raynal, etc...,

De son mariage avec Suzanne de Raymond, Paul-Victor de Seze eut quatre enfants :

1° Ernestine, morte en bas âge.

2° Indiana, 1798-1833, mariée en 1818 avec Jules Doäzan (1), 1789-1827, ancien officier, et receveur principal des Douanes, d'abord à Libourne, puis à la Rochelle.

3° Aurélien de SEZE, qui continue la filiation : son article suit.

4° Stanislas, 1808-1874, célibataire.

« aurait pu aussi bien tenir le sceptre de la conversation dans les salons les plus renom-« més, mais pratiquant ce qu'elle a si bien dit elle-même que « la femme qui mérite le plus « une oraison funèbre est celle sur laquelle on ne peut en faire », elle tourna aux bonnes « œuvres toute... son intelligence et... son cœur. Celles qu'elle fonda, qu'elle dirigea et pré-« sida sont innombrables. Elle était la solliciteuse en titre de tous les malheureux. L'as-« cendant et la fascination qu'elle exerçait pour eux auprès des grands tenaient du prodige. « Un des premiers administrateurs de l'Empire, M. de Tournon, disait d'elle à ce propos : « Quand Mme de Sèze vient dans mon cabinet, ce n'est pas elle qui est chez moi : c'est moi « qui suis chez elle. » Son fils, le comte de Raymond, ayant encouru sa destitution de di-« recteur des douanes à Bordeaux, pour un coup de caractère des plus hardis... à l'occasion « de la captivité de Mme la duchesse de Berry, Mme de Sèze écrivit sur-le-champ à la reine « Marie-Amélie une lettre qui arriva au milieu du repas de la fa-« mille royale, et qui, passant... de main en main, par l'effet d'ad-« miration et d'émotion qu'elle produisit..., enleva la réintégration « de M. de Raymond par sa nomination à la direction de Brest, « égale à celle de Bordeaux. »

Extrait de *M. Aurélien de Sèze* par Auguste Nicolas (*Correspondant* du 10 mai 1870, pages 479 et suivantes). — Sur Suzanne de Seze, v. aussi *Un fonctionnaire d'autrefois*, par H. Faré, chapitres VI et IX (Paris, Plon, in-8, 1883); on trouve d'intéressants détails dans cet ouvrage.

(1) DOÄZAN, *Armes* : D'argent à un pélican de sinople, et un chef d'azur chargé de trois étoiles d'argent. — Une petite-fille d'Indiana Doäzan épousa plus tard un des fils d'Aurélien de Seze (*infra*, p. 60).

Doäzan.

et surtout de Bonald, dont on conserve une vingtaine de lettres inédites adressées à Suzanne-Caroline, femme de Victor de Seze.

SEPTIÈME DEGRÉ

Aurèlien de Seze,
d'après une photographie.

AURÉLIEN DE SEZE, 1799-1870, né au château d'Eyran, se destina au barreau. En 1820, il entra comme secrétaire dans le Cabinet de M. *de Saget*, où il ne resta que deux ans, car ce dernier « ayant été re- « joindre son émule et son ami, « M. Ravez, aux plus hauts rangs de « la magistrature, y entraîna son se- « crétaire (1) ». Nommé substitut à Bordeaux en 1823 et substitut du procureur général en 1826, il était avocat général depuis 1827, quand arriva la révolution de 1830 (2). Fidèle à son serment, il donna sa démission et reprit sa robe d'avocat. En 1832, le soulèvement de la Vendée lui offrit une nouvelle occasion d'affirmer ses sentiments politiques : il fut choisi comme défenseur par le *Comte de Mesnard*, traduit devant la Cour d'Assises de Bourges.

Après avoir représenté pendant plusieurs années l'opinion légitimiste au Conseil général de la Gironde, il fut élu, en 1848, représentant du peuple à l'Assemblée constituante. — On sait que la vie des représentants fut plusieurs fois exposée, notamment le 15 mai, quand la Chambre fut envahie, et durant les journées de juin, alors que l'Assemblée,

(1) *Correspondant* du 10 mai 1870, p. 490.

(2) Quelques jours avant les journées de juillet, il avait reçu sa lettre de nomination aux fonctions de procureur du roi.

pour encourager par l'exemple les défenseurs de l'ordre, envoya des délégations dans les quartiers où la lutte était le plus meurtrière. Aurélien de Seze sut se faire remarquer autant par son ardeur à réclamer ces périlleuses fonctions que par son sang-froid et son calme dans leur accomplissement.

Réélu le 13 mai 1849, il devint vice-président de l'Assemblée législative. — Le 2 décembre 1851, il fut du nombre des représentants, qui, réunis à la mairie du VIIe arrondissement, protestèrent contre le coup d'État, furent emprisonnés à la caserne du quai d'Orsay, et de là conduits à Mazas (1).

Relâché quelques jours après, il se fit inscrire au barreau de Paris, où il fut nommé membre du Conseil de l'Ordre en 1862. — En 1865, l'éducation de ses enfants étant terminée, il céda au désir qu'il avait depuis longtemps de se rapprocher de sa propriété d'Eyran, et revint prendre sa place au barreau de Bordeaux. Il y fut nommé bâtonnier pour la seconde fois (il l'avait été une première fois en 1842), et, en 1868, député aux obsèques de Berryer, où il prit la parole au nom de tous les barreaux de province (2) et aussi à titre d'ami du grand Orateur.

Le Comte de Chambord, qu'il était allé voir à Frohsdorf, le tenait en haute estime, comme en témoignent le choix qu'il fit de lui comme membre de son Comité (3), et les lettres qu'il lui écrivit à diverses reprises.

(1) *Trente-huit heures de secret à Mazas*, par Aurélien de Seze (Inédit).

(2) V. *Berryer*, par Charles de Lacombe (3 vol. in-8, Paris, Didot, 1895).

(3) « * Ayant une entière confiance dans les sentiments bien con-
« nus et appréciés par moi de Monsieur Aurélien de Sèze, comme
« dans ses fermes dispositions à me seconder résolument en toute
« circonstance, je le nomme membre du Comité central de corres-
« pondance de Bordeaux. Le nom de cet excellent ami est synonyme
« de noble fidélité et de dévouement à toute épreuve, et je sais com-
« bien il le porte dignement. Je compte donc pleinement sur son
« utile concours, comme il peut compter lui-même sur ma vive gra-
« titude et sur ma constante affection.

« *Frohsdorf, le 14 novembre 1867.*

« HENRI. »

* L'original de cette lettre appartient à un des fils d'Aurélien de Seze.

Il mourut à Bordeaux le 23 janvier 1870. Son éloge a été prononcé au palais de justice de Bordeaux (1).

Aurélien de Seze avait épousé, le 1er août 1833, Louise de VILLEMINOT, 1812-1887, fille de *Paul de Villeminot* et de *Claire de Chauvet* (2). De leur mariage naquirent neuf enfants :

1° Marie-Thérèse, née en 1834, filleule de Madame la Dauphine et du Comte de Chambord, mariée le 29 avril 1857 avec Gaston Mimaud, juge au tribunal civil de Périgueux.

2° Victor de SEZE, qui continue la filiation : son article suit.

3° Romain, né en 1837, docteur en droit, professeur honoraire à la Faculté catholique de droit de Paris, a épousé, le 1er décembre 1864, sa cousine Suzanne Mabit, née en 1845 (petite-fille d'*Indiana Doäzan* (3), *supra*, p. 57). — En 1870, marié et père de famille, il s'engagea aux zouaves de Charette (Volontaires de l'Ouest). — Ils ont eu six enfants :

(1) *Éloge d'Aurélien de Sèze*, prononcé le 20 décembre 1881 par R. Brazier à la rentrée des Conférences du Barreau de Bordeaux (Bordeaux, in-8, 1882, Imprimerie bordelaise). — Sur Aurélien de Seze, v. encore *M. Aurélien de Sèze*, par Auguste Nicolas (*Correspondant* du 10 mai 1870); et *Le Barreau de Bordeaux en* 1830, p. 21 et suiv., par E. Garnier, discours de rentrée des Conférences du Barreau de Bordeaux (Bordeaux, Delmas, in-8, 1874).

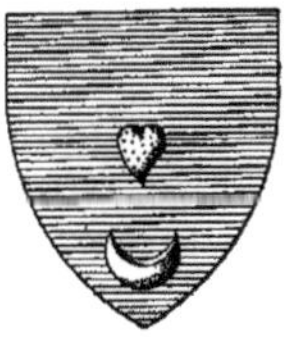

de Chauvet.

(2) De CHAUVET, *Armes* : D'azur à un croissant d'argent en pointe et un cœur d'or en abîme. (D'Hozier, *Armorial général*, 13e volume, f° 198 du ms., et f° 644 des blasons, place le cœur en *chef.*) — Claire de Chauvet était fille de Jean-Baptiste de Chauvet (fils lui-même d'une Dubergier) et de Marie Dumas (*supra*, p. 44, note 6). Les deux branches de la famille de Seze sont donc triplement alliées : 1° par Jean de Seze, IIIe du nom, l'auteur commun; 2° par Marguerite Brethous, de qui elles descendent toutes deux (v. *infra*, p. 69, le tableau spécial); 3° par les Dubergier, auteurs communs des de Seze et des de Chauvet.

(3) Indiana Doäzan avait eu deux filles, dont l'une, *Léonie*, fut mère de *Suzanne Mabit*.

Joseph, né en 1866, auditeur à la Cour des Comptes, marié en 1896 par Mgr d'Hulst, recteur de l'Institut catholique de Paris, avec *Amélie Coullet* (1).

Daniel, né en 1868.

Pierre, né et mort en 1870.

Léonie, née en 1872.

Jules, né en 1874.

Claude, né en 1884.

Antoine de Seze, d'après une photographie.

4° Marguerite, 1838-1863, célibataire.

5° Antoine, dit *Tony*, 1841-1872, filleul de Mgr Dupuch, premier évêque d'Alger : avocat à dix-neuf ans, il entra en 1863 au Noviciat des Dominicains, mais sa santé ne lui permit pas d'y rester. Il suivit alors les cours du séminaire de Bordeaux, fut ordonné prêtre en 1869, et nommé vicaire à la cathédrale de Bordeaux (Saint-André). Les fatigues qu'il éprouva auprès des varioleux dont Bordeaux se trouva rempli pendant la guerre de 1870, achevèrent d'user sa santé, et il mourut en 1872.

6° Suzanne, née en 1843, et mariée le 4 août 1863 avec Ludovic Tarrade, 1838-1892, propriétaire en Périgord.

7° Jean, 1847-1856.

(1) La famille *Coullet* est alliée aux *de Seze* par les *Dubergier*.

Château de Londeix, dessin d'après nature.

8° Aurélien, né en 1850, a fait avec ses frères Victor et Romain, et son cousin Henri, la campagne de 1870 aux zouaves pontificaux du général de Charette. — Avocat à Bordeaux, il a été bâtonnier en 1889. Il a en outre été conseiller général du département de la Gironde pour le canton de Captieux, où il possède le château de *Londeix*.

Marraud des Grottes.

Il a épousé en 1876 Madeleine Marraud des Grottes (1), fille d'*Émile des Grottes* et d'*Alix de Lamothe*. Ils ont une fille :

Alix, née en 1885.

9° Louise, née en 1851, Dame religieuse du Sacré-Cœur à Rome.

(1) MARRAUD des GROTTES, *Armes* : De gueules à une épée d'argent en bande, la pointe en haut, et un chef cousu d'azur chargé de trois étoiles d'argent.

HUITIÈME DEGRÉ

VICTOR DE SEZE, chef d'armes de la seconde branche de la famille de Seze, né en 1835, entré dans la magistrature en 1860, fit toute sa carrière en Bretagne. La guerre de 1870 le trouva procureur impérial à Redon, et, quoique père de six enfants, il n'hésita pas à rejoindre ses frères sous le drapeau des zouaves de Charette. Rentré ensuite dans la magistrature, il donna sa

Château d'Eyran, dessin d'après nature.

démission en 1878, et se fixa alors comme avocat à Rennes, où il fut bâtonnier en 1890 et en 1891. Peu après, il se retira au château d'Eyran, où il habite aujourd'hui.

Bigot de la Touanne.

Il est chevalier de Saint-Grégoire le Grand, et décoré de la médaille *Pro Ecclesia Pontifice.*

Il a épousé, le 18 décembre 1860, MARIE BIGOT DE LA TOUANNE (1), fille de *Félix Bigot, marquis de la Touanne,* et d'*Hortense de Massol de Serville* (2). De ce mariage sont nés neuf enfants :

1° JEAN DE SEZE, IVe du nom : son article suit.

2° FERNAND, né en 1862, docteur en droit, l'auteur du présent ouvrage, marié en 1891 par Mgr Cléret, évêque de Laval, avec MAGDELEINE LE SEGRETAIN DU PATIS (3). Ils ont trois enfants :

(1) BIGOT DE LA TOUANNE, famille de l'Orléanais. *Armes* : De sable à trois têtes de léopard d'or languées de gueules. — V. sur cette famille d'Hozier, *Armorial général de France*, Registre V, et La Chesnaye des Bois, *Dictionnaire de la noblesse*, supplément II (ou t. III de la réimpression de 1863). — La famille Bigot comprend un grand nombre de branches : Bigot *de la Touanne*, Bigot *de Morogues*, Bigot *de Villandry*, Bigot *de Chérelles*, etc... : une de ces branches, Bigot de Villandry, a eu l'honneur d'être alliée à la famille royale de Bourbon; v. le certificat dressé par d'Hozier, *op. cit.*

(2) DE MASSOL, famille originaire de Casal en Montferrat (Italie), établie en Bourgogne en 1507. *Armes* : De gueules à un dextrochère armé mouvant du flanc d'une nuée d'argent tenant un marteau d'armes : et un chef d'or chargé d'une aigle à deux têtes éployée de sable. — V. sur cette famille La Chesnaye des Bois, *Dictionnaire de la noblesse*, t. IX (ou t. XIII de la réimpression), qui blasonne ces armes : Coupé : au 1, d'or à l'aigle... : au 2, de gueules, au dextrochère... — L'aigle à deux têtes du chef et les distinctions analogues qui se voient aux supports des armes de cette famille (notamment, une aigle sommée de la couronne impériale) ont été concédées par l'Empereur Maximilien d'Autriche (lettres patentes du 15 janvier 1502) à Guillaume de Massol, alors ambassadeur. — La famille de Massol a eu de très belles alliances en Bourgogne : ainsi, Élisabeth de Massol fut mère du *maréchal de Tonnerre,* et Marie de Massol grand-mère de la *duchesse de Luynes.*

de Massol.

Par sa mère, Hortense de Massol descend de l'illustre famille *de Brosse.*

(3) LE SEGRETAIN DU PATIS, famille du Maine. *Armes* : D'argent à un dextrochère

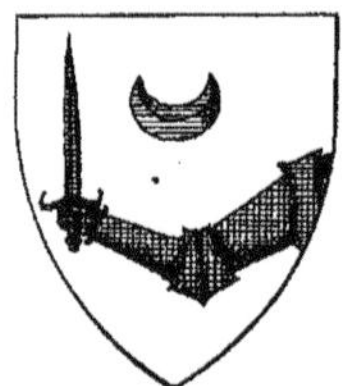

Marthe, née en 1892.
Jean, Ve du nom, né en 1894.
Pierre, IIIe du nom, né en 1896.

3° THÉRÈSE, née en 1864, Dame religieuse du Sacré-Cœur à Gratz en Styrie (Autriche).

4° ANTOINE, dit *Tony*, né en 1866, lieutenant au 13e régiment de hussards, marié en 1896 avec MARIE-THÉRÈSE DU BOURG (1).

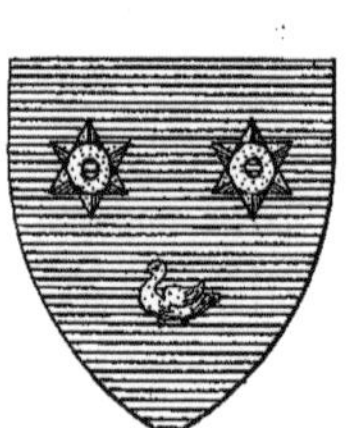

du Bourg.

5° MAGDELEINE, née en 1868.

6° BERNARD, né en 1869.

7° AURÉLIEN, né en 1873, sous-lieutenant au 24e régiment de dragons.

8° LOUISE, née en 1876.

9° ÉLIE, né en 1879.

armé d'une épée de sable, accompagné d'un croissant d'azur en chef. (Dans d'anciens documents, le croissant est dit *de sable*.) — Ces armes sont celles de la famille *Toupelin de Bertaudrie*, originaire de l'Anjou, dont descend cette branche de la famille *le Segretain*. Il existe bien encore des Toupelin, mais ils ont changé leurs armes par substitution.

(1) Du BOURG, famille de Bretagne. *Armes* : D'azur à deux molettes d'or en chef et une merlette du même en pointe. — V. sur cette famille, Potier de Courcy, *Nobiliaire et Armorial de Bretagne*, t. I, p. 147 (de la 3e édition, 1890).

NEUVIÈME DEGRÉ

de Vathaire.

JEAN DE SEZE, IVe du nom, né en 1861, a épousé en 1890 MARIE DE VATHAIRE (1). Ils habitent Sainte-Croix du Mont, dans la Gironde. — Ils ont deux filles :

1° CÉCILE, née en 1892.

2° MARGUERITE, née en 1895.

(1) DE VATHAIRE, *Armes* : D'azur au chevron d'or, accompagné de trois roses du même. — La famille de Vathaire est originaire de Bourgogne.

ARBRE GÉNÉALOGIQUE DE LA FAMILLE DE SEZE

- 1° Anthoine de Seze, marié avec Catherine de Ferrachapt.
  - 2° Jehan I épouse Marie Menault de Lafont.
    - 3° Jean II épouse Anne de Lescure.
      - 4° Pierre épouse Catherine Brunet.
        - 5° Jean III épouse Marthe du Bergier.
          - 6° Raymond Comte de Seze épouse Marguerite Brethous.
            - 7° Adolphe épouse Clara de Foucaucourt.
              - 8° Louis épouse Hortense Fuller.
                - 9° Henri épouse Berthe de la Gravière.
                  - 10° Raymond, Guy.
                - Gaston épouse Jeanne de Maleville.
                  - Louis, André, René.
                - Édouard épouse Marie de Mohrenheim.
                  - Paul, Michel.
                - Maurice épouse Marie de George.
                  - Ludovic.
          - 6° Paul-Victor de Seze épouse Suzanne de Raymond de Sallegourde.
            - 7° Aurélien épouse Louise de Villeminot.
              - 8° Victor épouse Marie Bigot de la Touanne.
                - 9° Jean IV épouse Marie de Vathaire.
                - Fernand épouse Madeleine le Segretain.
                  - 10° Jean V, Pierre.
                - Tony épouse Marie-Thérèse du Bourg.
                - Bernard, Aurélien, Élie.
              - Romain épouse Suzanne Mabit.
                - Joseph, épouse Amélie Coullet.
                - Daniel, Jules, Claude.
              - Aurélien épouse Madeleine des Grottes.

PARENTÉ PAR LES FEMMES DES DEUX BRANCHES
DE LA FAMILLE DE SEZE

Marguerite Brethous épouse :

- 1° Pierre-Lazare Dumas, écuyer, Conseiller au Parlement de Bordeaux
  - Marie Dumas épouse Jean-Baptiste de Chauvet.
    - Claire de Chauvet épouse Paul de Villeminot.
      - Louise de Villeminot épouse Aurélien de Seze.
        - Victor épouse Marie de la Touanne.
          - Jean IV épouse Marie de Vathaire
          - Fernand épouse Madeleine le Segretain.
            - Jean V, Pierre.
          - Tony épouse Marie-Thérèse du Bourg.
          - Bernard, Aurélien, Élie.
        - Aurélien épouse Madeleine des Grottes.
        - Romain épouse Suzanne Mabit.
          - Joseph épouse Amélie Coullet.
          - Daniel, Jules, Claude.
- 2° Raymond Comte de Seze.
  - Adolphe épouse Clara de Foucaucourt.
    - Louis épouse Hortense Fuller.
      - Henri épouse Berthe de la Gravière.
        - Raymond, Guy.
      - Gaston épouse Jeanne de Maleville.
        - Louis, André, René.
      - Édouard épouse Marie de Mohrenheim.
        - Paul, Michel.
      - Maurice épouse Marie de George.
        - Ludovic.

FAMILLES DONT LES ARMES FIGURENT

DANS CET OUVRAGE

FAMILLES ALLIÉES A LA FAMILLE DE SEZE

CITÉES DANS CET OUVRAGE

ACHEVÉ D'IMPRIMER

L'AN DE L'INCARNATION MDCCCXCVII

ET LE XIIIe JOUR DU MOIS DE JANVIER

EN LA FÊTE
DU BAPTÊME DE NOTRE-SEIGNEUR JÉSUS-CHRIST

SUR LES PRESSES DE

MM. FIRMIN-DIDOT ET Cie, IMPRIMEURS

AU MESNIL-SUR-L'ESTRÉE (EURE)

AVCTORE · ET · ACCVRANTE · FERNANDO · DE · SEZE ·

Tiré à cent cinquante exemplaires.

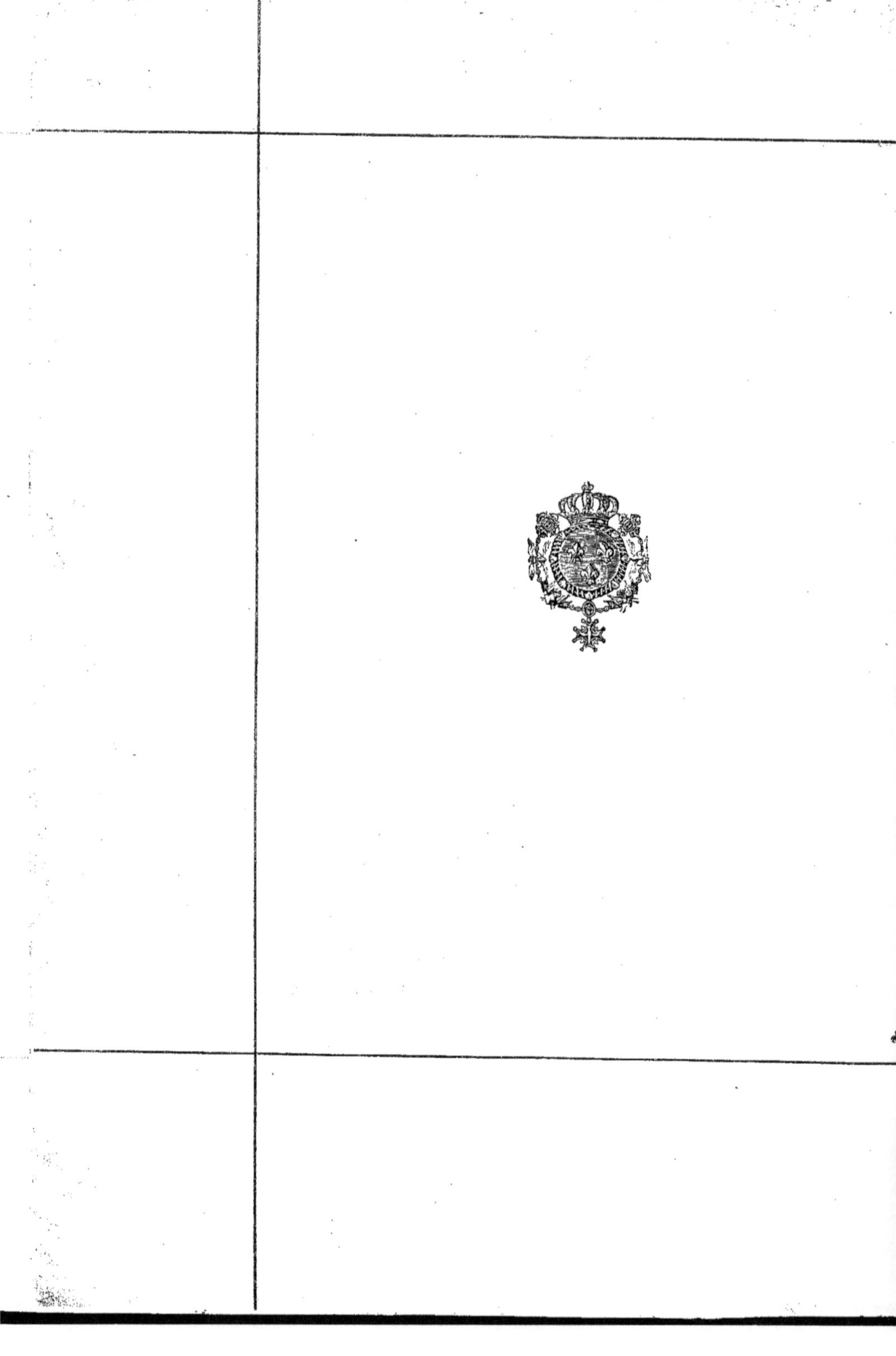

www.ingramcontent.com/pod-product-compliance
Ingram Content Group UK Ltd.
Pitfield, Milton Keynes, MK11 3LW, UK
UKHW021217230726
13926UKWH00003B/1076

9 782019 171803